하나님 경제학 2

God Economics

하나님 방식으로 돈 관리하는 법

하나님 경제학 ❷

신상래 지음

평 단

공격과 수비 능력을 기르라

고대사회에서 전쟁에 나가는 병사는 칼과 창, 활 등을 지녀야 했다. 그리고 날아오는 화살이나 창 공격을 대비하여 몸 전체를 가리는 큰 방패와 근접하여 싸우는 백병전白兵戰에서 칼의 공격을 막아내기 위해 손에 쥐고 싸우는 둥그런 방패가 있었다. 즉, 적을 공격하기 위한 칼과 수비용 방패는 전쟁에서 병사들에게 필수적인 무기였다.

아무리 칼을 잘 사용하는 기술이 있어도 예기치 못한 적의 공격을 막아내는 방패가 없다면 위험하기에, 방패는 칼과 더불어 병사들이 항상 휴대하고 다녔다. 이처럼 병사에게 공격과 수비 능력은 전쟁에서 이기기 위한 가장 기본적인 전투력이다.

돈을 버는 것이 공격이라면 번 돈을 관리하는 것이 수비이다. 우리나라 사람들의 돈을 벌고자 하는 열정은 세계 어느 나라에도 뒤지지 않는다. 우리나라는 OECD(경제협력개발기구) 국가 중에서 일을 가장 많이 하는 나라라고 한다. 그뿐만 아니라 소득이 우리보다 적은 아프리카Africa나 아시아Asia의 개발도상국開發途上國보다 더 많이 일을 하고 있다. 그 이유는 조상 때부터 내려오는 부지런한 민족성과 가난에서 벗어나 내 집을 갖고 자녀 대학교육을 시키며 노후에 편안하게 살고자 하는 소망 때문이다.

그렇지만 안타까운 것은 열심히 돈을 버는 데에는 누구보다 뛰어나지만, 돈을 사용하고 관리하는 부분은 약하다. 그래서 돈을 벌어 축적해 두고 있다가 후에 재산을 분배하여 물려주려고 하면 자녀들의 재산싸움으로 형제애가 깨지기도 하며, 건강한 노동철학을 가르치지 않아 자녀들이 방탕한 삶에 빠지기도 한다. 자신조차도 젊었을 때 열심히 일해 벌어 놓은 재산을 제대로 관리하고 사용할 줄 몰라 사기당하는 경우도 있다.

크리스천들도 예외가 아니다. 축복의 근원이시고 구하기만 하면 넘치도록 주시는 하나님을 섬기는 자녀들이지만, 세상을 살아가는 모습을 보면 못내 씁쓸하고 안타깝다. 한창 힘이 왕성한 젊은 시절에 벌어 놓았던 재산을 방탕하게 써버리거나, 아무런 계획 없이 그럭저럭 살다가 노후가 되어 노동력이 없어지면 가난 속에서 병든 몸을 이끌며 고독과 슬픔을 껴안고 사는 이가 적지 않다. 아니면 돈 관리에 대해 무지하여 사기꾼에게 속거나 충분한 준비 없이 사업을 하다 전 재산을 송두리째 잃는 일도 많다.

더욱 슬프게 하는 것은, 그들이 교회에 오랫동안 다닌 중견 교인이며 집사나 권사 등의 중직을 갖고 궂은일을 마다치 않고 교회 일에 앞 장섰던 성도들이라는 점이다. 《성경》대로라면 믿음과 봉사에 앞장선 그들의 노후가 안락하며 평안해야 하겠지만, 현실은 그렇지가 않다.

어디 그뿐인가? 아무런 생각 없이 보증을 서주거나 빚을 얻은 것 이 화근이 되어 집이 경매로 넘어가며 가정이 깨지고 사채업자에게 쫓겨 도망 다니는 신세가 된 이들도 삶이 고단하기는 마찬가지이다. 그들은 실낱같은 희망을 가지고 재앙과 불행에서 건져주겠다는 약속 의 말씀을 붙잡고 하나님에게 간절히 기도하지만, 그 문제는 쉽게 해 결이 되지 않는다.

이것이 크리스천의 딜레마이다. 잘못된 기복신앙을 하나님의 뜻 인 것처럼 가르치는 일부 목회자들은 새벽기도, 십일조, 금식기도, 주 일성수와 같은 신앙행위만을 유일한 해결책이라고 말한다. 물론 견 고한 믿음을 바탕으로 하는 신실한 신앙행위를 하나님이 기뻐하시 지만, 세상을 공의로 다스리는 하나님은 자신이 세운 원칙을 어겨가 며 기적과 초자연적인 방법만으로 재정적인 문제들을 해결해 주지 는 않는다.

하지만 잘못된 가르침을 받고 어려운 형편에도 십의 일조가 아니 라 십의 이조를 드려가며 간절히 하나님의 도움을 기다렸던 이들은 기대가 실망으로 바뀌고 절망은 분노로 변하여 교회와 목사를 비난 하며 하나님을 떠나는 사람이 적지 않다. 또한 실패의 결과를 자신 의 잘못으로 질책하며 교회에 남은 사람들조차 하나님에 대한 열정 과 믿음이 식어져서 형식적인 신앙행위로 대신하는 이들도 늘고 있다. 이런 실패사례를 주변에서 당황해하며 지켜본 많은 크리스천은 천국으로 가는 가르침은 교회나 《성경》에서 얻지만, 돈이나 재물에 대한 방법과 지혜는 세상에서 배우는 이원론적인 행동방식을 따르고 있다. 결국 그들은 교회에 오면 하나님을 섬기지만, 세상에 나가면 돈을 섬기는 이중적인 신앙으로 변질되고 있다. 교회가 돈에 대한 하나님의 뜻을 제대로 가르치지 않았거나, 잘못 가르친 대가를 톡톡하게 치르고 있는 셈이다.

그렇다고 일부 목회자들의 잘못된 기복신앙을 반박하고 교회와 성도들에게 하나님의 정확한 뜻을 올바르게 알려주어야 하겠다는 정의감에 불타는 마음이, 이 책을 쓰게 된 동기는 물론 아니다. 하나님을 사랑하는 크리스천들이 하나님의 뜻을 알지 못하여 어리석은 행위로 말미암아 극난한 재정난을 겪으며 고난과 불행한 삶 속에서 허덕이는 것을 그냥 눈감고 지나칠 수 없었기 때문이다.

필자에게 인터넷이나 전화로 상담을 요청한 많은 사람의 고달픈 사연이 그러했다. 시간과 비용을 들여 대전에 있는 필자의 집까지 직접 찾아와서 상담을 요청한 이들은 말문을 열기 전에 하염없이 눈물부터 흘렸다. 그래도 그들은 그나마 다행스러웠다. 필자에게서 지나온 과거의 잘못과 역경에서 헤쳐나갈 하나님의 방법을 얻고 집을 나섰기 때문이다. 그러나 안타깝게도 수많은 크리스천은 아직도 돈에 대한 하나님의 뜻을 모른 채 어둠과 고통 속에서 갈피를 못 잡고 헤매는 모습들이 눈에 선하다. 그들에게도 손을 내밀고 싶다.

이 책의 1부에서는 재물에 대한 하나님의 원칙을 소개한 반면, 2부와 3부에서는 삶에서 성경적으로 돈을 어떻게 사용하고 관리해야 되는지를 구체적으로 다루었으며, 4부에서는 어떻게 하면 미래를 위한 안전한 노후대책을 세울 수 있는지를 다루었다. 이 책을 통해서 돈을 많이 버는 고소득의 직업이 아니더라도, 부지런히 일을 해서 얻은 적은 수입이나마 지혜롭게 관리하고 사용하면서 평안하고 넉넉한 삶을 보장해주는 하나님의 능력을 알고 은혜를 깨달아 그분에게 영광을 돌려 드린다면 더없이 기쁘겠다. 또한 하나님 앞에 수없이 흘린 눈물들이 진주가 되어 기쁨으로 되돌아온다면 더는 바랄 것이 없겠다.

이 책이 나오기까지 수고해주신 출판사 사장님을 비롯한 직원들에게 감사를 표하며, 늘 부족한 남편 곁에서 묵묵히 도와주는 아내에게도 감사의 말을 전하고 싶다.

2010년 8월
대전 태평동 서재에서

:: **차례** Contents

God Economics 2

Chapter 02 성경적인 돈 사용, 아름다운 지출

God Economics2

"충성되고 지혜 있는 종이 되어
주인에게 그 집 사람들을 맡아 때를 따라 양식을 나눠 줄 자가 누구냐"

—

마 24:45

돈에 대한
하나님의 생각

재물에 대한 하나님의 뜻은 무엇인가?
돈을 둘러싼 영적전쟁을 대비하라
소중한 인생을 돈에 빼앗기지 마라

청년으로부터 산전수전山戰水戰 다 겪은 노인에 이르기까지 고소득의 직업이 무엇인지 모르는 사람은 없다. 다만 자신의 능력이나 자격이 부족해서 얻지 못할 뿐이다. 그렇지만 고소득의 직업이나 수익성 높은 사업체를 운영하는 사람이라도 늘 돈이 풍족한 것은 아니다. 사업이나 투자를 하다 실패해서 망하기도 하고, 돈 관리를 하지 못해 잃어버릴 수도 있다.

　재테크를 비롯해서 재정 관리에 필요한 지식이나 지혜는 모두가 원한다. 그러나 대부분의 사람은 지엽적枝葉的인 방법이나 얕은 지혜만을 구하고 있다. 풍성한 수확기를 기다리지 못하고 조급하게 열매를 얻고자 하기 때문이다.

　그렇지만 세상에는 공짜가 없다. 아무리 좋은 방법을 알고 있을지라도, 그것을 삶에 적용할 만한 마음의 자세와 능력이 없다면 무용지물無用之物에 불과하다. 그러므로 자세히 돈 관리의 영역을 다루기에 앞서 폭넓은 바탕으로 돈 관리에 필요한 하나님의 뜻과 그것을 소화할 수 있는 마음의 자세를 먼저 살펴보기로 하자.

01 | 재물에 대한 하나님의 뜻은 무엇인가?

　　쇼핑몰이나 백화점의 화려한 쇼윈도Show Window를 바라보면서 느끼는 감정은 누구나 똑같다. '저걸 가질 수 있다면 얼마나 좋을까?' '한 번 입어보면 참 좋겠다.' '내가 걸치고 있다면 정말 어울릴 것'이라고 마음속으로 속삭인다. 그렇지만 그런 느낌도 잠시, 미련을 버리고 자신의 목적지를 향하여 길을 가야 한다. 그 상품들을 소유하고 싶어도 살 돈이 없기에, 아무리 갖고 싶지만 눈요기로 만족해야 한다는 것을 자신이 가장 잘 알고 있기 때문이다. 그럴 때마다 억만장자億萬長者인 재벌가의 자녀로 태어나, 갖고 싶은 것을 얼마든지 소유하고 누렸으면 좋겠다는 생각이 들기도 하지만, 이내 환상은 사라지고 팍팍한 현실로 돌아오곤 한다.

　　하나님은 세상을 지으시고 사람을 비롯하여 모든 동식물이 넉넉하게 먹고살 수 있는 환경을 만드셨다. 즉, 풍성하고 넉넉한 환경을 마련해주신 것까지가 하나님의 몫이다. 그 선물을 부지런히 찾아서 받아 누리는 것이 사람이 해야 할 역할이다.

우리를 재물의 관리자로 세우신 하나님

하나님은 세상을 지으신 후 첫 사람 아담Adam에게 세상의 관리권을 위임해주시며 잘 다스리라고 하셨다(창 1:28). 그러나 아담과 이브Eve는 하나님의 명령을 어기게 되었고, 그런 그들을 하나님은 에덴동산에서 내쫓아 버리셨다. 이때 사탄Satan은 아담이 가진 세상의 관리권을 어부지리漁夫之利(두 사람이 이해관계로 서로 싸우는 사이에 엉뚱한 사람이 애쓰지 않고 가로챈 이익을 이르는 말)로 줍다시피 하여 예수님이 재림하셔서 새 하늘과 새 땅으로 다시 회복될 때까지 상당부분을 지배하게 된다.

그렇지만 세상의 주인이신 하나님이 자신의 권리를 모두 포기한 것은 아니다. 하늘나라의 사업과 하나님의 뜻에 합당한 관리자管理者를 선택하여 하늘곳간의 열쇠를 맡기고 재물財物을 주어 자신의 목적을 수행하고 계신다. 이 일에는 하나님이 원하시는 자격을 가진 자만이 선택받을 수 있다.

> 충성되고 지혜 있는 종이 되어 주인에게 그 집 사람들을 맡아 때를 따라
> 양식을 나눠줄 자가 누구냐 마 24:45

이 일을 깨닫는 데는 영적靈的인 분별력分別力이 필요하다. 영적으로 보는 눈이 없으면 재물의 주인이 누구인지 알지 못할뿐더러 돈 또한 자기가 수고하여 벌었기 때문에 자신이 주인이라고 생각한다. 물론 하나님은 세상 사람들이 열심히 일하기만 하면 먹고살 수 있는 환경

을 마련해주셨다. 그렇지만 사탄은 불의와 불법, 음란과 방탕한 일에 큰돈을 얻을 수 있도록 해 놓고 탐욕貪慾에 빠진 사람들을 자신의 포로로 삼고 있다. 그래서 하나님은 자신의 재물을 얻는 자격을 정해 놓고, 이에 합당한 종에게 큰 재물을 맡겨주시고 싶어 하신다.

어쨌든 하나님은 당신이 세운 공의의 법칙Divine justice(선악의 제재를 공평하게 하는 하나님의 적극적인 품성)에 따라, 사람을 포함한 세상의 모든 동식물이 땀을 흘리는 노동을 통해 재물을 풍성히 얻게 해주신다. 다만 하나님의 재물을 얻고 사용하려면 충성忠誠과 지혜知慧를 겸비한 관리자의 자격과 조건을 먼저 갖추어야 한다.

돈을 공급하시는 하나님의 목적

하나님은 우리에게 두 가지 목적으로 재물을 주신다. 첫째는 일상생활에 필요한 재물로 주신다. 일용할 양식이란 생계에 필요한 재물을 함축적含蓄的으로 가리킨다. 의복과 양식을 얻고 살 집을 구입하며, 자녀를 가르치며, 노후대책 등의 생활비 등. 물론 사람마다 필요한 생계비의 액수는 다르다. 그렇지만 자신의 욕심을 충족시켜주는 수준이 아니라, 성령이 함께 해주시고 경건의 훈련Training the Godliness을 통한 절제와 자족으로 단련되어 기쁨과 평안함으로 받아들이는 생활수준이어야 한다.

다른 목적으로는 의로운 열매를 맺기 위한 씨앗으로 주신다(고후

9:10).《성경》에는 돈에 관련된 일반적인 의로움이 하나님 나라의 확장을 위한 선교와 불우한 이웃을 돕는 구제에 초점이 맞추어져 있다.

하나님이 선택한 관리자에게 요구하는 충성심은 이런 목적에 어긋나지 않게 사용하는 것을 말한다. 삶의 활력에 필요한 적절한 휴가나 레크리에이션에 사용하는 돈은 문제가 없겠지만, 쾌락과 방탕에 빠져 유흥가를 제집처럼 드나들거나, 자신만의 즐거움을 얻는 취미나 짜릿한 성취감만을 얻을 목적으로 거액의 돈을 물 쓰듯 사용하는 것은 하나님의 뜻에 어긋난다고 보아야 한다.

> 그 주인이 이르되 잘하였도다 착하고 충성된 종아 네가 적은 일에 충성하였으매 내가 많은 것을 네게 맡기리니 네 주인의 즐거움에 참여할지어다 마 25:21

하나님은 관리자를 선택할 때 먼저 시험Test해보신다. 자신이 감당할 수 없는 돈을 가졌다면 돈을 지혜롭게 사용하기보다 돈에 억눌려 평안한 삶을 빼앗기며, 심지어는 영혼靈魂, Soul까지 잃어버리는 안타까운 일이 발생하기 때문이다. 그러므로 하나님은 처음에 적은 돈을 맡겨주시고 당신의 뜻대로 합당하게 사용하는지를 유심히 살펴보신다. 맡겨주시는 돈의 규모도 하나님이 여러 가지로 판단하신다. 믿음뿐 아니라 재능과 지혜, 성품과 근면성 등.

즉, 예수님이 비유로 말씀하신 달란트Talent(유대의 화폐 단위)의 비유를 예로 들면, 어떤 사람은 처음부터 금 한 달란트인 약 4억 원이나 금 두 달란트인 약 8억 원(금 한 달란트의 가치는 6,000데나리온Denarius(고대 로마의 은화)으로, 한 데나리온은 성인남자의 하루 품삯으로 약 일당 7만 원으로 계산한 금액)을 받은 반면, 금 다섯 달란트인 약 20억 원을 받은 사람도 있다(마 25:14-30). 우리의 입장에서 보면 차이가 나는 돈의 액수를 불공평하게 여기겠지만, 하나님은 돈을 운용하는 자격이나 능력을 판단하여 그 사람에게 맞게 공평하게 나누어주신다.

그리고 예수님은 받은 달란트로 두 배를 벌어 주인의 마음을 흡족하게 한 종들에게 더 많은 것을 맡기겠다고 언급하며 칭찬하고 있다. 아마 더 많은 돈이란 수십억 원에서 수백억 원의 큰돈이 될 것이다.

이처럼 하나님은 처음부터 천국의 곳간열쇠를 맡겨주지 않는다. 적은 돈을 맡기고 시험하시며 그 결과를 세세하게 살펴보시는 것이 당신의 뜻에 합당한 관리자를 선택하시는 하나님의 방법이다. 이런 하나님의 뜻을 알지 못하는 사람들은 많은 돈을 갖게 되었을 때 하나님의 뜻보다는 자기 마음대로 사용하기가 쉽다. 자기만족과 쾌락을 위해서 흥청망청 사용하거나 자신의 성안에 쌓아두고 교만한 성주城主가 되고자 한다. 그러나 그런 행동은 하나님의 시험에서 떨어지는 결과를 가져올 뿐이다. 그런 사람에게 하나님은 더는 자신의 돈을 맡겨주지 않는다. 그런데 언감생심焉敢生心으로 그분의 도우심을 바랄 수 있을까?

《성경》에는 주인의 뜻대로 사용하지 않고 묻어두고 도로 가져온 한 달란트 종에게 게으르고 악하다고 책망하며 가혹한 처벌이 떨어진다. 내쫓는 것으로 그치지 않고 그 가진 것을 빼앗아 칭찬받은 종들에게 주라고 명령하신다. 칭찬받은 종들은 이미 큰돈을 받아 거부가 되었음에도 말이다.

돈과 하나님, 누구를 섬기는가?

이 시대는 고대시대처럼 열광적熱狂的인 우상숭배偶像崇拜는 더 이상 없다. 다른 종교의 신이나 귀신을 섬기는 사람들은 더러 있지만, 하나님의 자리를 넘볼 만한 위세位勢는 아니다. 그렇지만 우상숭배의 참뜻을 자세히 살펴보면, 하나님은 자신보다 더 사랑하고 섬기는 것 모두를 우상으로 여기셨다.

그렇다면 이 시대에 하나님의 자리를 넘보고 맞서 싸울만한 능력을 갖춘 우상은 무엇인가? 그것은 바로 돈Money, Mammon•이다. 현대를 살아가는 모든 사람의 생각 속에 자리 잡고 있는 것이 돈이다. 부자, 억만장자, 재벌, 성공, 재테크Financial Technology 등 부富와 관련된 단어들은 언제나 사람들의 지대한 관심사이다. 철부지 청소년들에서부터

●맘몬
누가복음 16장 13절과 마태복음 6장 24절, 누가복음 16장 9절과 11절에서 의인화擬人化로 해석하고 있다. 그러나 다른 부분에서는 부정한 재물 또는 그와 동등한 것으로 번역하고 있다.

인생의 황혼기黃昏期에 있는 노인에 이르기까지
돈은 그들의 생각을 움켜쥐고 놓지 않고
있다. 순진한 소녀들도 돈을 위해 하나
뿐인 순결을 바치고, 조폭들은 많은
돈을 준다면 사람을 죽이는 일도 서
슴지 않는다.

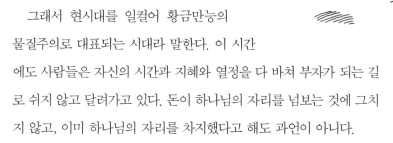

　그래서 현시대를 일컬어 황금만능의
물질주의로 대표되는 시대라 말한다. 이 시간
에도 사람들은 자신의 시간과 지혜와 열정을 다 바쳐 부자가 되는 길
로 쉬지 않고 달려가고 있다. 돈이 하나님의 자리를 넘보는 것에 그치
지 않고, 이미 하나님의 자리를 차지했다고 해도 과언이 아니다.

　한 사람이 두 주인을 섬기지 못할 것이니 혹 이를 미워하며 저를 사랑하
　거니와 혹 이를 중히 여기며 저를 경히 여김이라 너희가 하나님과 재물을
　겸하여 섬기지 못하느니라 마 6:24

　언젠가 믿음이 좋은 청년이 내게 엄청난 액수의 십일조十一租가 자
신의 오랜 기도제목이라고 말했다. 그런데 더욱 큰 문제는 그런 생각
이 잘못되었음을 깨닫지 못한다는 것이다. 그 청년은 하나님은 십일
조를 많이 드리면 기뻐하신다는 기존 메시지의 논리에 따라 행했을
것이다. 하지만 세상의 모든 재물이 하나님의 것이라면, 하나님은 교
회에 드려진 십일조의 액수가 많아질 것을 기대하실 리 없다.

그러면 크리스천들이 십일조를 많이 드리고 싶은 이유는 무엇일까? 하나님의 도움으로 부자가 되고 싶어서이다. 그들에게 있어서 하나님은 단지 부자가 되기 위한 도우미에 불과하다. 그들은 하나님을 섬긴다고 하면서 실제로는 돈을 섬기고 있는 것이다.

하나님은 교회에 드려지는 돈의 액수보다 돈을 벌고 쌓아두는 마음의 동기나 태도를 더욱 주목하고 계신다. 돈을 섬기느냐, 아니면 하나님을 섬기느냐를 구별하는 것은 하나님이 기뻐하시는 뜻에 따라 돈을 벌고 관리하고 있느냐에 있다. 그러므로 아무리 많은 돈을 벌어 교회에 가져와 드린다 할지라도, 마음의 자세나 동기가 하나님의 뜻에 어긋난다면 헛된 일이다.

재물에 휘둘리지 말고 즐겁게 누리라

재물은 아무런 힘이 없지만 즐거움을 주는 원천이 되기에 사람들의 사랑을 독차지 하고 있다. 모든 것이 그렇듯이 사랑을 하고 마음을 빼앗기게 되면 이성理性을 잃고 판단력判斷力이 흐려지게 된다. 자식을 너무 사랑하면 버릇없는 아이로 만들고, 이웃의 아내에게 마음을 빼앗기면 행복한 가정을 잃게 하는 불륜으로 이어진다. 이렇듯이 돈을 너무 사랑하게 되면 돈으로 삶의 즐거움을 누리기보다 돈이 주인 행세를 하기 마련이다.

우상으로 만든 돌이나 나무가 아무런 힘이 없듯이 돈 그 자체는 아무런 능력이 없다(렘 10:3-5). 사람들이 그 물체에 놀라운 권한과 능력을 부여해주고 사랑을 쏟아 붓기에 마치 대단한 능력이 있는 것처럼 생각될 뿐이다. 돈은 하나님이 우리의 삶에 필요한 것들을 마련해주시기 위해 사용하기를 원하지만, 사람들은 돈을 하나님보다 더 사랑하고 특별한 능력을 부여해주어 마치 하나님의 자리를 차지한 것처럼 만들었다.

그렇지만 컴퓨터 게임에서의 캐릭터는 컴퓨터 안에서만 존재하듯이, 돈의 위력은 현실이 아니라 사람들의 생각에서만 존재한다. 그러나 사람들이 돈에 대한 생각을 바꾸지 않으면 현실의 삶에서도 막강한 위력을 발휘하게 된다. 하나님은 돈을 사용해서 먹고 마시는 즐거움을 얻으며 사람들이 자신의 인생을 기쁘고 즐거운 날로 채우기를 원하신다. 하지만 돈은 사람들의 주

> "악의 근원을 이루는 것은 돈 자체가 아니라 돈에 대한 애착이다."
> -새무얼 스마일즈 Samuel Smiles

인이 되어 그들의 삶을 지배하고 있다. 돈을 위해서라면 힘없는 노부모를 해외에 내다버리고, 사랑하는 가족들을 떠나가며, 심지어는 살인조차 서슴지 않는다. 돈의 노예가 되어 돈이 시키는 일이라면 그 어떤 일이라도 즉각 시행한다.

그래서 얻은 돈은 부메랑이 되어 자신을 쓰러뜨리지만, 돈에 눈이 멀어 그 순간에는 아무것도 보이지 않는다. 하나님은 당신의 자녀에게 인생을 누리라고 재물을 주셨지만, 누리기는 고사하고 사람들은 돈을 숭배하고 돈의 시녀가 되어 스스로 고달픈 인생의 늪으로 빠져

들고 있다. 안타까운 일이지만, 앞으로 세상의 종말終末이 가까워질수록 이런 현상은 더욱 심화될 것이다.

돈을 사용하고 재물이 주는 즐거움을 누리려면 재물의 공급원인 하나님에게 집중하고 돈에 마음을 빼앗겨서는 안 된다. 하나님으로부터 눈을 떼는 순간, 돈이 그 자리를 차지하게 된다. 돈에 먼저 눈이 가는 것은 하나님은 영이시기에 눈으로 볼 수 없기 때문이다. 그래서 삶의 순간마다 하나님에게 집중하는 일은 쉬운 일이 아니다.

하지만 하나님이 기뻐하시는 관리자가 되려면 경건의 훈련을 통해 돈으로부터 마음을 지키고, 예수님의 제자로서 어떻게 돈을 바라보고 사용할 것인가를 깨닫고 다짐해야 한다. 한순간의 탐욕은 그동안 지켜온 평안한 삶을 통째로 빼앗는다. 이것을 기억하고 언제나 경계하는 자만이 하늘곳간을 맡는 관리자가 되는 자격을 얻을 수 있다.

재물에 대한 하나님의 뜻은 무엇일까?

01 관리자의 자격을 갖추고 있는지를 보라.

하나님은 당신이 세운 공의의 법칙Divine justice에 따라, 사람을 포함한 세상의 모든 동식물이 땀을 흘리는 노동을 통해 재물을 풍성히 얻게 해주신다. 다만 하나님의 재물을 얻고 사용하려면, 충성과 지혜를 겸비한 관리자의 자격과 조건을 먼저 갖추어야 한다.

02 돈을 공급하시는 하나님의 목적을 알라.

하나님은 우리에게 '일상생활에 필요한 재물'과 '의로운 열매를 맺기 위한 씨앗'으로 재물을 주신다. 그러면서 하나님은 시험하신다. 감당할 수 없는 돈을 가지면 돈을 지혜롭게 사용하기보다, 돈에 억눌려 평안한 삶을 빼앗기며, 심지어는 영혼靈魂, Soul까지 잃어버리는 안타까운 일이 발생하기 때문이다.

03 당신이 누구를 섬기고 있는지를 보라.

《성경》에서 말하고 있는 우상숭배의 참뜻은, 하나님보다 자신을 더 사랑하고 섬기는 것 모두를 우상으로 여기고 있다. 그렇다면 이 시대에 하나님의 자리를 넘보고 맞서 싸울만한 능력을 갖춘 우상은 무엇인가? 그것은 바로 돈이다.

04 하나님은 당신이 재물에 휘둘리지 않기를 원하신다.

돈에 대한 생각을 사람들이 바꾸지 않으면 현실의 삶에서 돈은 막강한 위력을 발휘하게 된다. 하나님은 돈을 사용해서 먹고 마시는 즐거움을 얻으며, 사람들이 자신의 인생을 기쁘고 즐거운 날로 채우기를 원하신다. 이렇게 되려면 재물을 주시는 공급원인 하나님에게 집중하고 돈에 마음을 빼앗겨서는 안 된다.

02 | 돈을 둘러싼 영적전쟁에 대비하라

트로이 목마Trojan horse로 유명한 트로이Troy와 그리스Greece의 전쟁의 발단은 트로이의 왕자 파리스Paris가 스파르타Sparta의 왕비 헬레네Helene를 납치해 간 것이 원인이 되었다. 물론 그리스 연합군은 탐나는 트로이를 어떻게든 정복하여 영토를 확장하고 싶은 욕심이었지만, 그 빌미를 제공해 준 것이 아름다운 스파르타의 왕비인 헬레네였다. 그녀는 당대 최고의 미인이었기에 수많은 왕으로부터 청혼이 끊이지 않았고, 그녀를 차지하기 위해 용맹과 권력을 거머쥔 영웅들은 치열한 싸움을 벌이곤 했다.

누구나 차지하고 싶었던 미녀 헬레네처럼, 이 시대에 사람을 사로잡고 있는 것은 무엇일까? 《성경》에서는 그것이 돈이라고 말한다. 돈은 사람들의 마음을 차지할 뿐만 아니라(마 6:21), 하나님의 자리를 넘보고 있다. 크리스천이라면 가슴이 철렁할 얘기이지만, 아무도 말해주지 않기에 더욱 위험하다.

돈이 하나님 자리를 넘보는 이 시대 최고의 우상으로 자리 잡은 이유는 무엇일까? 돈은 사람들의 식량을 생산하는 땅이나 찬란한 빛으로 뽐내는 아름다운 보석같이 그 자체로 사람들을 유혹하는 것은 아니지만, 돈은 그림을 인쇄한 질긴 종이에 지나지 않지만 사람들이 돈에 부여한 가치가 아주 높기 때문이다.

그래서 원하는 재물과 서비스와 맞바꿀 수 있는 가치가 있기에 누구나 돈을 얻으려 한다. 돈만 있다면 먹고 싶은 것, 입고 싶은 것은 물론 소유하고 싶은 모든 것을 손에 넣을 수 있기 때문이다. 즉, 돈을 자신의 욕망을 충족시켜 주는 유일한 수단으로 여기는 셈이다. 이렇게 돈은 사람들의 사랑을 독차지하는 물건이기에 하나님의 자리조차 위태롭게 한다.

누구와의 싸움인가?

《성경》에는 사탄이나 귀신鬼神의 행적이 종종 등장한다. 그들은 태초부터 현대에 이르기까지 사람들 곁에 가까이 존재하며 삶에 영향을 미치고 있다. 문제는 그들이 사람에게 접근하는 목적이나 의도가 절대로 우호적友好的이지 않다는 데 있다. 우호적이지 않은 정도가 아니라, 행복한 삶을 순식간에 송두리째 무너뜨리며 생명과 영혼을 앗아가는 무시무시한 존재이다. 그들이 진짜 무서운 이유는 눈에 보이지 않은 채 사람들의 주위를 배회俳徊하며 자신의 먹잇감을 순식간에 낚아채서 숨통을 끊어버리는 잔인한 행위를 일삼기 때문이다. 그래서 종교와 상관없는 영화Movie의 소재로도 곧잘 등장해서 공포와 두려움을 주는 악역을 맡고 있다.

> 우리의 싸움은 피와 살을 가진 사람들을 상대로 하는 것이 아니라, 통치
> 자와 권세자들과 이 어두운 세계의 지배자들과 하늘에 있는 악한 영들
> 을 상대로 하는 것입니다 엡 6:12, 표준새번역

그렇지만 사람들은 이 사탄을 꾸며낸 상상想像의 존재로 생각하고, 영화가 끝나고 현실로 되돌아올 때 안도의 한숨을 내쉰다. 하지만 《성경》에서는 한결같이 사탄의 존재와 행위에 대해 아주 자세히 언급하며 늘 사람들의 주변에 있음을 상기시킨다. 《성경》을 진리로 믿는 크리스천이라면 그들의 존재를 인정하며 그들의 무서운 위협에 대한 대비책을 세워야 한다.

그러나 안타깝게도, 많은 크리스천은 《성경》에서 경고하는 것과는 상관없이 현실의 삶에서 그들의 존재를 인정하지 않는다. 전쟁에서 막강한 적을 상대로 싸우는 것도 힘겨운 일인데, 적의 존재를 인정하지 않거나 알아채지 못하고 있다면 이미 죽은 목숨이나 다름없다. 그래서 사탄은 더 무섭고 그들의 공격은 치명적이다.

트로이 전쟁에서 트로이의 철옹성을 함락시키기 위해 그리스 연합

군이 묘안으로 짜낸 것은 목마였다. 트로이는 목마를 행운과 승리를 안겨다 주는 신의 상징으로 섬겼지만, 거대한 목마가 성문 밖에 갑자기 등장했다면 의심을 품고 배후를 조사해야 했겠지만, 도리어 승리를 예견豫見하고 목마를 성안으로 끌어들여 축제를 벌이고 술에 취해 자고 만다. 목마에서 나온 그리스 군인들은 성문을 열고 군대를 불러들여 순식간에 멸망시킬 수 있었다.

트로이 사람들이 행운과 승리의 신으로 여겼던 목마가 사실은 죽음과 멸망의 도구였다니, 그들은 죽을 때까지 자신들의 무지와 어리석음을 자책하며 눈도 감지 못했을 것이다.

●아간

유다지파 갈미의 아들(수 7:1). 그가
여리고 점령으로 얻은 전리품을 감
추었기 때문에 이스라엘 군대가 아
이Ai에게 패하였다(수 7:1). 이 일로
그와 그 가족은 아골 골짜기에서 죽
임을 당했다(수 7:8-26).

●발람

베돌성 아몬 강변에 사는 브올의 아
들로 선지자(민 22:5). 모압 왕 발락
이 이스라엘을 저주하려고 청할 때
물욕에 끌려가다가 타고 가던 나귀
에게 책망을 받고 천사의 견책도 받
았다(민 22:28-33, 벧후 2:15).

● 아나니아와 삽비라

초대 예루살렘교회 교인으로 자기
소유를 팔아 다 바치기로 약속하고
일부를 감추어두고 전부라고 속여
하나님을 속인 벌로 급사한 부부
다(행 5:1-11).

●마술사 시몬

사마리아에서 요술하는 시몬으로 요
술로 모든 사람에게 숭배를 받더니
빌립에게 천국 복음을 듣고 세례를
받은 후 빌립을 따랐다(행 8:9-13).
그는 요한과 베드로에게, 세례를 주
는 일과 성령의 능력을 돈으로 살 수
없겠는가고 물었다가 거절당하였다.
이 일로 연유해 성직매매를 의미하
는 '시모니Simony'라는 말이 생겨났
다고 한다.

●가룟 유다

예수님의 열두 제자 중 한 사람이
며, 은 삼십에 자기의 스승인 예수
를 팔았다가 후회하고 자살하였다
(마 27:5).

마귀가 또 그를 데리고 지극히 높은 산으로 가서 천
하만국과 그 영광을 보여 이르되 만일 내게 엎드려
경배하면 이 모든 것을 네게 주리라 마 4:8-9

금식禁食하며 기도로 역사상 최고의 사역을 준
비하는 예수님을 찾아서 광야로 간 사탄은 이를
막기 위해 여러 방법으로 유혹하기 시작한다. 그
중에서 눈에 띄는 것은 천하만국天下萬國과 그 영
광으로 칭하는 세상의 권력과 재물, 명예를 모두
주겠다는 제안이다. 당신 같으면 어떻게 대답하
겠는가? 쉽지 않은 결정일 테고, 수많은 사람은
이 같은 유혹을 거절하지 못할 것이다.

사탄은 세상을 지배하는 권세와 더불어 엄청
난 재물을 소유하고 있다. 이 재물을 미끼로 사
람들의 영혼을 노리고 있다. 《성경》에는 이 같은
유혹에 넘어간 사람들을 소개하고 있다. 시날
Shinar 산의 값비싼 외투와 금과 은에 눈이 먼 아
간Achan●을 비롯해서, 돈을 받고 이스라엘 백성
을 저주하려던 복술가 발람Divination Balaam,● 전
재산을 팔아 교회에 바치고도 목숨을 잃은 아나
니아Ananiah와 삽비라Sapphira 부부,● 돈으로 성령
의 능력을 사려 했던 마술사 시몬Sorcery Simon,●

은 삼십에 예수님을 판 가룟 유다Judas Iscariot●에 이르기까지, 재물에 눈이 멀어 사탄에게 영혼과 생명을 팔아넘긴 그들의 최후를 말해주고 있다.

현대를 살아가는 우리 역시 사탄의 표적이 되고 있다. 어쩌면《성경》에서 언급한 시대보다 더욱 거센 공격을 받고 있는지도 모른다. 많은 사람의 삶의 목표는 부자가 되는 것이며, 이것을 위해 청춘과 인생의 모든 것을 바칠 것을 당당하게 밝힌다. 이처럼 사람들이 드러내 놓고 돈을 좇을 것을 선포하는 시대에, 사탄은 자신의 공격 무기인 돈을 이용하는 것이 어렵지 않을 것이다.

돈을 위해 청년들은 지고지순至高至純한 사랑을 차버리며, 소녀들은 소중한 순결을 바친다. 결혼한 부부들도 단란한 가정을 깨뜨리며, 가족을 떠나보내고, 자식들은 연로한 부모를 내다버린다. 어릴 적부터 두터운 신앙을 가진 크리스천들도 돈을 좇다 교회와 하나님을 떠나는 일도 흔한 일이다. 돈이 하나님의 자리를 대신 차지하고 있기 때문이다.

사탄의 공격에 희생된 사람들의 모습

몇 년 전에 잘나가던 외국계 은행의 명동지점장이 30대의 젊은 나이에 한강에 뛰어들어 자살하여 사회에 큰 충격을 주었다. 그는 금융업계 최고의 자리인 명동지점을 맡아 영업실적 1,2위를 다투던 엘리트였다. 그는 아내와 자녀에게 남긴 편지에서, 은행만을 위해 일하다 너무 많은 것을 잃어서 미안하다며 아빠처럼 바보 같은 인생을 살지 말라고 했다고 한다. 그는 죽기 전 몇 달 동안 마음이 괴로워 밤잠을 못 이뤘다고 한다.

이렇듯 일중독에 걸린 채 부와 성공을 좇다 사랑하는 가족과 소중한 인생을 잃어버린 사람들이 많다. 그렇지만 늙어서야 비로소 깨닫거나, 심지어 깨닫지 못하고 이 세상을 떠나는 사람들도 많다. 그들은 돈이 주는 달콤함에 눈이 멀어 더 소중한 것들로 값비싼 대가를 치른 것이다.

그래도 일중독에 시달리는 자신의 모습을 보고, 가족의 미래와 안락한 삶을 위해서라는 조건을 붙여 나름대로 위안을 삼을 수도 있다. 그렇지만 도박이나 복권, 성인오락에 빠져 탄탄한 직장과 잘 나가는 사업체를 잃은 사람은 변명을 하기 어렵다.

지금도 강원도의 카지노에는 단란한 가정과 직장을 내팽개치고 전 재산을 털어 넣고도 모자라 노숙자와 다름 없이 사는 이들이 많다. 미국의 라스베이거스Las Vegas나 필리핀Philippines 등의 해외 도박장에서 재산을 다 잃고도 모자라 공금이나 친인척의 급전, 금융기관의 대출로 얻은 거액의 돈조차 잃어 국내에 들어오지 못하는 이들이 적지 않다고 한다.

어디 그뿐일까? 뇌물과 공금횡령, 불법적인 청탁을 들어주는 대가로 거액을 받은 공무원이나 공기업의 직원들도 마찬가지이다. 그들은 적지 않은 연봉에 정년까지 보장되지만, 거액의 돈에 이성이 마비되어 땅을 치며 평생 후회하며 손가락질을 받고 살고 있다.

그 밖에도 부동산이나 주식시장이 과열되면 으레 등장하는 "묻지마 투자"●에 희생된 사람들도 주변에서 얼마든지 찾아볼 수 있다. 그들은 사탄이 내미는 독이 든 잔을, 일생에 한 번 올까 말까 하는 일확천금一攫千金을 얻는 성배聖杯로 알고 마셨다가 평생 씻지 못하는 후회와 고통의 길로 들어선 것이다.

> 부자는 가난한 자를 주관하고 빚진 자는 채주의 종이 되느니라 잠 22:7

● 묻지마 투자
묻지마는 어떤 일이 징후나 이유도 없이 갑작스럽게 발생함을 뜻한다. 예를 들어, 묻지마 투자는 주식 투자에서 특정한 주를 아무 이유 없이 마구들이로 사는 경우로 충동적이고 맹목적인 투자 행동을 나타낸다.

사탄이 가장 즐겨 쓰는 수단으로 가장 많은 성과를 거두는 방법은 악성부채이다. 악성부채란 자신의 능력으로 갚을 수 없는 빚을 말한다. 《성경》에서는 빚을 지는 것은 "노예가 되는 것"이라고 경고하고 있지만, 자본주의資本主義 사회의 중심이 되는 금융기관의 대출사업은 주요한 수입원이기에 그에 대한 해악을 말해주는 사람은 거의 없다.

대부분의 사람은 많지 않은 빚에 대한 대가로 평생의 노동력을 바치지만, 쓸모가 없어지면 쓰레기처럼 버려진다. 빚에 대한 일반 사람들의 생각은 부정적이지만, 신용카드나 외상판매인 무이자 할부판매, 집을 사기 위한 장기대출, 학자금대출 등의 구체적인 대출 수단이나 목적에 대해서는 호의적이다. 크리스천조차도 신용카드를 사용하는 것을 하나님이 싫어하는 빚이며, 채권자債權者(특정인에게 일정한 빚을 받아 낼 권리를 가진 사람)의 노예가 된다는 성경 말씀을 심각하게 받아들이는 이는 별로 없다. 오히려 신용카드를 각종 혜택을 주는 보물단지처럼 여기며, 사업이나 내 집 마련을 위해 은행으로부터 대출을 받지 않는다면 도대체 어떻게 세상을 살아갈 수 있겠느냐고 도리어 반문한다.

그들의 생각이 어떠하든지 신용카드를 3개월간 결제하지 못하면 신용불량자가 되어 모든 대출이 환수되며 더 이상 대출이 금지된다. 그래서 이것을 막기 위해 다른 카드로 돌려막기 하다가 빚이 커지게 되고, 그것을 해결하기 위해 사채를 빌리게 되면 악성부채의 늪에 빠지게 된다. 결국 사채업자에게 시달리다 직장을 잃게 되고, 살던 집은 경매로 넘어가며, 부부간의 싸움은 이혼으로 치닫고, 가정은 해체되고, 자녀들은 뿔뿔이 흩어진다. 남은 것은 술에 찌든 육체와 죽음을 기다리는 목숨뿐이다. 빚이 이렇게 무섭지만 그 실체를 아는 사람이 몇이나 될까?

영적전쟁에서 승리하려면

집요한 사탄의 공격을 능히 이길 수 있는 사람은 없다. 사탄은 세상의 온갖 권세와 재물을 지녔을 뿐 아니라, 막강한 영적인 능력을

소유했기 때문이다. 그래서 천사장인 미가엘Michael(하나님의 백성을 호위해 주는 천사)이 싸워도 쉽게 이기지 못한다. 하물며 사람들이 자신의 능력으로만 사탄에게 대적한다면 어린아이 손 비틀 듯 할 것이다. 우리가 그와 싸워 이길 수 있는 유일한 방법은 성령의 도우심밖에 없다. 성령님이 함께 하신다면 어떤 적이 오더라도 두렵지 않겠지만, 성령님이 동행하지 않는다면 우리는 허수아비 같을 뿐이다.

> 모든 것 위에 믿음의 방패를 가지고 이로써 능히 악한 자의 모든 불화살을
> 소멸하고 구원의 투구와 성령의 검 곧 하나님의 말씀을 가지라 엡 6:16-17

사탄과의 싸움의 승패는 믿음으로 무장하고 성령님과 얼마나 깊이 교제하는가에 달렸다. 하나님의 영Spirit of God이 내주하셔서 하나님의 나라가 이루어지고 성령의 열매를 풍성하게 맺는 사람은 아무리 무서운 사탄이라 할지라도 감히 범접하지 못할 것이다. 사탄은 그 사람과 함께하는 하나님의 능력을 누구보다 잘 알고 있기 때문이다.

그러므로 날마다 하나님의 말씀을 읽고 깊이 묵상하며, 수시로 기도와 간구로 하나님과 동행하기를 쉬지 말아야 한다.

이것을 모르는 크리스천은 없겠지만, 실천에 옮기는 이는 많지 않다. 그렇지만 총탄과 포탄이 빗발치는 전쟁터에서 생명이 위태한 처지에 있다는 것을 알고 있다면, 아무 일 없는 것처럼 무관심하며 평안해할 수 있을까? 생生과 사死가 갈라지는 전쟁터는 차치且置하고 영적인 전쟁이 있다는 것조차 모르고 있기에 위태로운 상황에 놓여있는 것이다. 그래서 그들은 사탄이 가장 쉽게 공격하는 희생물이 된다.

그러기에 자신의 마음을 다스리지 못하면 사탄이 쳐놓은 올무에 가장 먼저 걸려드는 먹잇감이 될 것이다. 하지만 마음을 다스리는 것처럼 어려운 일은 없다. 그렇다고 방법이 없는 것은 아니다. 고되고 힘든 경건의 훈련을 통해서 절제와 인내가 내면에서 빛나는 성령의 열매Fruit of the Spirit를 맺는다면 가능하다(잠 16:32)

돈과의 영적전쟁에서
승리할 수 있는 비결

01 누구와 싸움인지를 분명히 인식해야 한다.

사탄은 세상을 지배하는 권세와 더불어 엄청난 재물을 소유하고 있다. 이 재물을 미끼로 사람들의 영혼을 노리고 있다. 사탄이 사람에게 접근하는 목적이나 의도는 절대로 우호적이지 않다. 그들은 사람들의 행복한 삶을 순식간에 송두리째 무너뜨리며 생명과 영혼을 앗아가는 무시무시한 존재이다.

02 사탄의 공격에 희생된 사람들의 모습을 보라.

값비싼 외투와 금과 은에 눈이 먼 아간, 돈을 받고 이스라엘 백성을 저주하려던 복술가 발람, 전 재산을 팔아 교회에 바치고도 목숨을 잃은 아나니아와 삽비라 부부, 돈으로 성령의 능력을 사려 했던 마술사 시몬, 은 삼십에 예수님의 목숨을 판 가룟 유다 등 그들의 최후는 비참했다.

03 영적전쟁에서 승리하기 위한 자세를 갖추라.

사탄과의 싸움의 승패는 믿음으로 무장하고 성령님과 얼마나 깊이 교제하는가에 달렸다. 그러기 위해 날마다 하나님의 말씀을 읽고 깊이 묵상하며, 수시로 기도와 간구로 하나님과 동행하기를 쉬지 말아야 한다. 또한 경건의 훈련을 통해 절제와 인내의 성령의 열매를 맺어야 한다.

03 │ 소중한 인생을 돈에 빼앗기지 마라

우리나라 사람들은 부지런하고 성실하다는 칭찬을 자주 듣는다. 게다가 미래의 풍요로운 삶을 위해 현재의 욕망을 참고 견디는 좋은 성품도 가졌다고 한다. 먼 조상 때부터 좁은 땅에 많은 인구가 먹고 살아야 했으니 자연스레 배인 성품일 게다. 그렇지만 아무리 좋은 것이라도 도가 지나치면 화를 당하고 재앙으로 변하기 마련이다. 회사와 일만 알고 사는 일중독증 환자가 우리나라에 유별나게 많다는 사실이 이를 입증한다.

또한 풍요로운 노후를 위해 허리띠를 졸라매고 참고 견디는 방법도 좋기는 한데, 건전한 삶의 목표나 아름다운 목적도 없이 그저 돈을 축적하는 것만이 유일한 행위라면 각박하고 무의미한 인생이 될 것이다. 이런 삶을 살아가는 것은 돈을 버는 데는 억척스럽지만, 지혜롭게 쓰는 데는 무지하기 때문이다.

돈에 인생을 저당 잡힌 사람들

돈은 살아가는 데 없어서는 안 된다는 걸 모르는 사람은 없다. 그래서 대부분의 사람은 어릴 적부터 돈을 잘 버는 능력을 갖추기를 바라며 늙어서도 일을 손에서 놓지 않는다. 그리고 소득을 얻기 위해 아침 일찍 일어나 밤늦게까지 열심히 일하는 모습은 아름다운 풍경으로 묘사되기도 한다.

그래서 우리네 아버지들은 가족을 위해 가장의 멍에를 묵묵히 지고 평생 희생하지만, 나이 먹고 노동력을 잃어 일터에서 내려올 때에는 박수는커녕 혜택을 입은 가족조차 알아주지 않는다. 그래도 불만스런 속내를 조금도 비치지 않는다.

그러나 삶의 현장을 보면 아름다운 모습만 있지는 않다. 시장 한 귀퉁이에서 자그마한 좌판을 펼쳐놓고 쪼그려 앉은 할머니는 나이가 여든은 훌쩍 넘어 보인다. 장사는 고사하고 거동도 힘들어 보이지만 말 못할 사정이 있기에 그 나이에도 시장을 벗어나지 못하고 있다.

어디 그뿐이랴. 폐지나 종이 박스를 주워 용돈을 버는 노인들 중엔 장애인이 적지 않다. 언젠가 눈이 먼 할아버지가 다리가 불편한 할머니를 도와 폐지를 실은 리어카를 끄는 모습은 울컥하고 필자의 눈물을 자아내게 했다. 이 노부부도 삶이 고단하기에 한 푼이라도 벌려고 거리로 나온 것이다. 생존의 멍에를 평생 풀어놓지 못해 세상을 떠나는 날까지 실낱한 수입이라도 벌어야 하는 가련한 삶의 풍경이다.

　가족과 인생을 저당 잡힌 사람들은 이런 노인들뿐만 아니다. 잘나
가는 대기업 사원들은 퇴근시간도 휴가도 없다. 퇴근을 해도 곧장 집
에 가지도 못한다. 업무 관계자들과의 질펀한 접대로, 단란주점으로
룸살롱으로 돌아다니다 보면 자정이 훌쩍 넘은 시간에 파김치가 되
어 집에 돌아온다. 그렇다고 다음날 출근이 면제되는 것도 아니다.
이런 일과 속에서 어쩌다 쉬는 휴일이면 아내와 자녀들과 같이 놀아
줄 마음도 여유도 없다. 그동안 노동과 폭음으로 간을 혹사한 대가
로 피곤에 찌들어 혼수상태昏睡狀態로 잠에 빠져서 저녁에서야 비로
소 눈을 뜬다.

　그들은 열심히 일한 대가로 고속 승진에다 두툼한 연봉을 챙기겠

지만 잃은 것도 많다. 남편에게 실망한 아내는 아내대로 친구와 수다를 떨거나 쇼핑족이 되어 자신만의 시간을 보내고, 자녀들은 아버지 없는 가정에서 지내다가 성인이 되면 그들만의 삶을 향해 집을 나간다. 정년퇴직을 하거나 나이 들어 집에 머물게 되면 그때야 눈을 돌려 아내와 자녀를 찾지만, 이미 남편이나 아버지가 필요치 않은 가족들은 귀찮은 존재로 인식할 뿐이다.

자영업에 종사하는 이들은 직장인보다 문제가 더욱 심각하다. 아무리 직원을 혹사시키는 직장이라도 일요일은 쉬며, 최근에는 주 5일 근무제로 집에서 가족과 지내는 이들이 많아졌다. 그러나 자영업은 자신이 원하지 않는다면 365일을 꼬박 일할 수도 있다. 직장인이 쉬는 토요일이나 공휴일에 손님이 많은 점포는 더 열심히 문을 열고 장사를 한다. 여름휴가도 겨우 하루나 이틀로 때우는 이들도 허다하다. 인건비를 아끼려 부부가 함께 자영업을 하는 이들도 많다.

그들이 점포에서 돈을 버는 동안 돌봐줄 부모가 없는 자녀들은 학원과 시내를 방황하거나 PC방에서 불량 청소년으로 커간다. 자녀를 위해 학자금을 벌려고 부부가 점포에서 빠져나올 수 없었다고 변명해도, 삐뚤어진 길로 접어든 자녀를 돌려세우기에는 이미 늦었다. 자녀에 대한 무관심과 돈에 대한 지나친 욕심이 부모의 삶뿐만 아니라, 자녀의 미래까지 버린 셈이다.

돈의 주인인가, 노예인가?

참 유치한 질문 같아도, 분명하게 자신의 위치를 알아야 문제의 심각성을 인식하고 해결책을 찾을 수 있다. 자신이 서 있는 자리를 모르고 서 있다면 백약百藥이 무효無效하다. 누구나 자신은 돈의 주인이라고 생각한다. 재물의 소유권所有權은 국가에서 보장해주며 마음먹은 대로 돈을 사용할 권리를 보장받았기 때문이다. 무엇을 사든지 어떤 서비스를 받든지, 내키는 대로 생각하고 결정하며 돈을 지불하고 구입한다. 그런 내가 돈의 노예라니?

그렇지만 깊은 곳에 자리 잡고 있는 속내를 살펴보라. 학창 시절부터 평생 하고 싶은 일을 찾아 직업을 선택하기보다, 재능과 소망과는 관계없이 안정되고 돈벌이가 잘되는 직업만을 찾지 않았는가? 배우자의 조건으로 사랑이나 성품, 종교와 같은 깊은 관계를 맺는 본질적인 요건보다 단지 직업이나 신분, 경제적인 비전이나 부를 이루게 해주는 학벌, 가문, 배경에 관심을 두고 있지 않았는가? 직장생활이나 사업을 하면서 크리스천이라면 누구나 아는, 하나님이 싫어하시는 불법과 불의한 행위에 앞서 큰돈을 얻을 수 있다면 고민조차 하지 않고 시행하지 않았는가? 거액의 돈을 손에 쥘 수 있는 절호의 기회가 눈앞에 있다면 가족이나 부모 형제, 사랑하는 친구를 헌신짝처럼 버리며 소중히 여기는 회사와 동료를 무 자르듯 등을 돌리지 않겠다고 자신할 수 있겠는가?

물론 치열한 경쟁에서 살아남기 위한 생존능력生存能力이나 피부에 느껴지는 냉정한 현실을 아는 것도 중요하다. 그렇지만 더 중요한 것은 돈보다 더 소중한 것들이 자신의 주변에 존재함을 아는 것이다. 가족들은 자신보다 더욱 소중하다. 그들의 행복을 위해 고된 노동과 참기 어려운 자존심을 견디기도 한다. 게다가 돈이 아무리 많더라도 건강을 잃는다면 참으로 허망할 것이다.

그뿐만 아니다. 이 땅에서 누구나 부러워하는 억만장자로 살았더라도 천년만년千年萬年 누리지 못하며, 때가 되면 모든 것을 내려놓고 이 세상을 떠나야 한다. 짧은 이생의 삶은 풍족하게

> "재물은 생활을 위한 방편일 뿐 그 자체가 목적이 될 수는 없다."
> -임마누엘 칸트Immanuel Kan

준비했지만, 정작 영원한 내생을 준비하지 못했다면 그보다 어리석은 사람은 없을 것이다. 아무리 현실의 삶에서 돈이 차지하는 비중이 크더라도 더 중요한 존재를 잊고 산다면 언젠가는 그 대가를 혹독하게 치르게 될 것이다. 돈이 자신을 딛고 주인의 위치를 차지하게 내버려 두어서는 안 된다. 돈이 아무리 중요한 존재라도 자신의 삶이나 생명보다 더 귀중하지 않기 때문이다.

돈에 소중한 인생을 잃지 않으려면

하나님은 눈에 보이지 않지만 돈은 현실의 삶에서 피부로 느껴지는 존재이기에 막강한 영향력을 행세하며 사람들을 지배한다. 하나님

을 섬기는 크리스천에게도 돈은 무소불위無所不爲의 대단한 능력을 내
뿜으며 복종을 강요한다. 돈보다 더 소중한 것들이 있음을 사람들은
알고 있지만, 실상 돈은 최고의 자리에 앉아 사람들의 섬김을 받고 있
다. 그러기에 원하든지 원하지 않든지, 돈의 힘을 날카롭게 관찰하고
철저하게 준비하지 않는다면, 어느새 그의 막강한 위세에 휩쓸려 무
력하게 떠내려가는 자신을 바라보게 될 것이다.

돈을 벌고 축적하는 목적을 분명히 하라

SF영화Science Fiction Films에서 자주 다루는 소재로 미래의 컴퓨터
는 지능이 놀랍도록 뛰어나 스스로 학습하고 진화하는 능력을 갖추
고, 나중에는 컴퓨터를 만든 인간을 습격하고 지배한다는 스토리의
영화는 세간에 인기를 끌고 있다. 이것은 꾸며낸 영화에 불과하지만,
사람이 만든 물건이 하나님의 자리를 넘보며 사람을 지배하는 것이
바로 돈이다.

사실 돈이 막강한 영향력을 행세하며 사람들을 쥐락펴락하고 있
지만, 돈은 하나님과 비교 대상도 될 수 없는 하찮은 존재이다. 하나
님은 세상을 지으신 창조주創造主이지만, 돈은 사람이 만든 피조물被造
物에 불과하다. 하나님이 만든 피조물조차도 하나님 앞에 서면 무력
한데, 하물며 피조물인 사람이 만든 돈은 태생부터가 미미한 존재에
불과할 수밖에 없다.

그러나 돈이 막강한 힘을 부여받게 된 것은 사람이 무한한 가치를
실어주었고, 사탄도 자신의 목적을 이룰 수단으로 돈을 이용하기 때

문이다. 비록 자신은 아무 힘이 없지만, 사람의 마음을 사로잡는 재물과 맞바꿀 수 있는 가치로 인해 돈은 사람들의 마음 깊은 곳에 자리 잡으며 그들을 지배하고 있다.

사람들이 자기를 사랑하며 돈을 사랑하며 자랑하며 교만하며 딤후 3:2

하지만 돈에서 필요 이상의 가치를 제거하면 자연스레 거품이 빠지기 마련이다. 그것은 하나님이 돈에 부여한 목적으로만 돈을 사용하면 된다. 《성경》에서는 돈을 벌고 축적하는 목적으로, 생활에 필요한 생계비生計費와 선교宣敎와 구제救濟에 사용하여 의로운 열매를 맺게 하기 위한 씨앗으로 규정하고 있다. 그런데 사람들은 마치 돈에 무한한 능력을 부여하고 권력이나 욕망을 채우는 도구로 사용하기를 원한다. 돈으로 젊고 예쁜 여자를 사서 짜릿한 쾌락을 얻거나 사람 위에 서서 명령하고 지시하는 것을 즐긴다.

또한 더 크고 웅장한 성을 지어 끝없는 자신의 욕망을 채우고 사람들에게 자랑하고 싶어 한다. 돈을 사랑하는 목적은 자신을 사랑하기 때문이며 쾌락에 집착하기 때문이다. 하나님이 돈을 주시는 목적보다는 다른 수단으로 변질시켜 사용하기에, 돈은 사람들의 관리권을 제멋대로 빼앗고 그 위에 군림하고 지배하고 있다. 이제부터라도 다시 돌아와 돈을 주시는 하나님의 목적에 합당하게 사용해야 교만한 돈의 부당한 압제로부터 자유로워질 수 있다.

돈을 버는 시간을 지혜롭게 분배하라

'시간이 돈이다'라는 표어를 심심찮게 보며 성장한 필자와 앞선 세대들은 할만한 일거리가 별로 없었고 가난했기에, 무엇이든 닥치는 대로 열심히 일하는 것만이 빈곤에서 탈출하는 유일한 해결책이었다. 그런 부모 세대의 고된 땀의 희생이 있었기에 지금 우리나라는 세계 15위의 경제 대국經濟大國으로 OECD 회원국에다 국민소득 2만 불을 바라보게 되었다.

이제는 많은 돈을 벌어 무조건 가난에서 벗어나야 한다는 문제에서, 어떻게 돈을 벌어야 평안하고 형통하게 사느냐의 문제로 옮겨졌다. 그렇지만 아직도 열심히 일을 해서 돈을 벌어야 하는 것이 삶의 최우선 순위라고 생각하는 사람들이 많기에 여기저기서 또 다른 문제들이 불거지고 있다. 이제는 생존문제가 아니라, 삶의 질을 생각해야 하는 시대로 들어섰다는 것을 아직도 깨닫지 못하기 때문이다.

물론 하늘 높이 치솟는 물가와 자고 나면 오르는 사교육비와 집값, 그리고 평균수명平均壽命이 늘어난 노후를 준비하려면, 허리띠를 졸라매고 눈코 뜰 새 없이 일을 해야 한다는 그들의 인생철학人生哲學을 충분히 이해한다. 그렇지만 자신들을 위해 희생을 아끼지 않고 열심히 일하는 부모 세대를 보면서 철이 일찍 들어 책상머리를 떠나지 않았던 자녀들을 이제 기대할 수 없다. 어렵사리 대학공부를 시키는 것에 대한 부모의 고마움보다는 즐겁고 행복한 가정을 만들어주기를 더 바라고 있다.

아내들의 불만도 이와 별반 다르지 않다. 직장에서 아무리 늦게 퇴근해도 밥상을 차려놓고 하염없이 기다리던 청순가련淸純可憐형의 아내는 이제 없다. 밤마다 접대로 술에 취해 들어와도, 그토록 기다리던 휴일에 근무한다는 말에도 실망의 눈빛조차 없이 남편의 건강을 생각해서 보약을 달여주고 가장의 도시락을 챙겨주지 않는다. 이제는 세상이 바뀌고 사람들도 변했다.

맞벌이 부부가 늘어 공평한 가사분담을 당당하게 요구하고, 전업주부라도 아내의 희생과 고통만을 강요할 수 없는 분위기이다. 남편과 자녀만을 위해 자신의 인생을 바쳤던 아내와 어머니를 회상하며 그리워하기보다, 인생의 동반자요 독립된 개성과 감정을 지닌 인격체로서 대우해주어야 하는 시대가 되었다. 물론 시대가 변했다고 사람들의 생각이 금방 바뀌지는 않는다. 그렇지만 바뀐 세상에 행동이 따라 주지 않는다면 끝없는 갈등과 소모적消耗的인 싸움만이 그들을 기다리고 있을 것이다.

직장생활을 하는 이들의 적지 않은 수가 주 5일 근무로 토요일과 일요일은 쉰다. 자영업을 하는 이들도 365일 꼬박 일하던 시대에서 한 달에 2,3일을 쉬며 휴일마다 문을 닫는 점포도 늘고 있다. 자녀들이 다니는 학교도 쉬는 토요일이 생겼으며, 학업에 유익한 가족간의 여행이라면 정규적인 수업시간을 대신해서 다녀오도록 허락하고 있다.

자녀들도 직장이나 점포에만 있는 부모를 더 이상 이해하려 하지 않는다. 휴일을 쉬는 직장인들은 단지 잠만 자고 TV만 보는 일을 그만두고 적극적으로 아내와 자녀들과 같이 시간을 보내야 한다. 자영업을 하는 이들도 더 많은 돈을 벌고 싶더라도 일주일에 하루쯤은 점포 문을 닫고 사랑하는 가족과 함께 보내야 한다. 점포를 여는 날에도 너무 늦지 않게 문을 닫고 들어와 자녀들과 함께하는 시간을 마련해야 한다. 물론 이렇게 하려면 수입이 줄거나 자신의 역할을 대신할 종업원의 인건비가 더 들어가게 된다. 그렇지만 수입이 줄더라도 욕심을 버리고 자녀와 가정을 위해 적당한 수입에 만족해야 한다.

자녀들은 중학교에만 들어가면 자신만의 세계를 가꾸며 더 이상 부모와 대화하며 같이 시간을 보내려 하지 않는다. 하지만 자녀가 어렸을 때 부모와 행복하고 즐겁게 보내는 시간들은, 그들이 성인이 되어서도 가족 간의 유대를 끈끈하게 맺어주는 접착제의 구실을 한다. 그러나 그렇지 못한 가정은, 돌보지 않아서 제멋대로 자라 문제청소년으로 변한 자녀 때문에 마음 아파하며 서글픈 노후를 보내게 된다.

빚을 내어 즐기려고 하지 마라

오랜 취업의 문을 두드린 결과, 원하던 회사로부터 합격통지서를 받아든 청년은 세상을 전부 얻은 기분일 것이다. 이제는 당당한 사회인으로 자부심을 가지고 첫발을 내딛게 되었기 때문이다. 그래서 취업재

수생 시절의 모습을 떨쳐버리고 새 양복과 새 구두를 장만한다. 휴일이면 친구와 애인을 불러내어 리조트로 스키장으로 청춘을 마음껏 즐긴다.

또한 친구와 애인에게 뽐내며 근사한 여가를 즐기기 위해 최신형의 중형 SUV(스포츠 유틸리티 차량)를 장기 할부로 구입한다. 이 차는 가격만 수천만 원이라, 몇 년 동안 매달 4,50만 원을 할부로 내야 한다. 게다가 천정부지天井不知로 오른 유류비와 보험료, 차량유지비는 봉급의 절반을 빼앗아 간다. 문제는 4,5년 동안 차량대출을 다 갚아도 이미 감가상각減價償却●으로 찻값은 새 차 가격의 반 토막이 되어버린다는 데 있다. 그래서 다시 새 차를 살 때는 또 다시 대출을 얻어 사야 한다. 그러니 열심히 일해 봉급을 받는다 해도 저축할 돈이 없다. 좋은 배우자를 만나 결혼을 하려 해도 빚을 내어 결혼비용을 충당해야 한다.

● **감가상각 계산법**
약 2,000만 원 상당의 차에 매년 30%의 감가상각비가 책정되어져 있다면, 첫 사용 연도에는 (2,000×30%) 600만 원의 감가상각비가, 이듬해에는 (1,400⟨원가-전년도 감가상각비⟩×30%) 420만 원의 감가상각비가 들어간다.

이들이 빚을 얻어 새 차를 사고 세련된 양복과 멋진 구두를 신용카드로 구입하는 것은 미래의 수입을 저당 잡혀 먼저 즐기기를 원하기 때문이다. 신용카드는 외상장부이다. 쥐꼬리 같은 혜택과 무이자 할부가 대단한 특혜라고 여겨 신용카드를 사용하겠지만, 현금으로 산다면 이자를 내야 할 이유가 없고, 가맹수수료만큼 금액을 깎아주는 점포도 많다. 허울뿐인 카드 포인트 혜택과 비교하면 실속 있게 보상받는다.

그러나 먼저 누리고 즐기고 싶은 충동에 살 수 있는 자금을 마련하기 전에 카드로 결재하고 할부 계약서에 사인한다. 청년 시절부터 먼저 즐기는 소비습관이 배어 있다 보니, 과소비에 충동구매로 허리가 휘청하고 언제나 대출이자로 내는 돈이 만만치 않다. 이들이 평생 내는 대출이자는 노후대책으로 사용할 만큼 엄청난 돈이다. 그렇지만 먼저 즐기려는 충동을 절제하지 못해 평생 자유를 빼앗기고 빚의 노예가 되어 불안과 두려움 속에서 살아가고 있다.

소중한 인생을
돈에 빼앗기지 않는 방법

01 돈에 인생을 저당 잡히지 마라.

소득을 얻기 위해 아침 일찍 일어나 밤늦게까지 열심히 일하는 모습은 아름다운 풍경으로 묘사되기도 하지만, 시간이 흘러 뒤돌아보게 되면 아내와 아이들은 남편과 아버지가 필요치 않는 귀찮은 존재로 전락해 있게 된다. 즉, 돈에 대한 지나친 욕심은 자신과 가족의 삶을 아름답지 못하게 한다.

02 당신이 돈의 주인인지, 노예인지를 알라.

누구나 자신은 돈의 주인이라고 생각하지만, 자신의 속내를 살펴보라. 치열한 경쟁에서 살아남기 위해 성경적인 관점보다는 수단과 방법을 가리지 않았던 자신의 모습을 발견할 수 있을 것이다. 이제는 돈이 아무리 중요하더라도 자신의 삶이나 생명보다 더 귀중하지 않다는 것을 인식해야 한다.

03 소중한 인생을 지키는 자세를 갖추라.

첫째, 돈을 벌고 쌓아두는 목적을 분명히 해야 한다. 성경은 돈을 버는 목적을 생계비와 선교와 구제로 두고 있다. 둘째, "시간이 돈이다"라는 말이 있듯이, 돈을 버는 시간을 지혜롭게 분배하여 사용해야 한다. 이럴 때 행복한 가정을 유지할 수 있다. 셋째, 빚을 내어서라도 즐기려는 마음을 없애야 한다. 그렇지 않으면 빚의 노예로 전락할 수 있다.

"너희를 위하여 보물을 땅에 쌓아 두지 말라 … 오직 너희를 위하여 보물을 하늘에 쌓아 두라 거기는 좀이나 동록이 해하지 못하며 도둑이 구멍을 뚫지도 못하고 도둑질도 못하느니라"

—

마 6:19-20

성경적인 돈 사용,

아름다운 지출

하늘에 재물을 쌓아두라
가난한 이웃을 돌아보라
일용할 양식에 만족하라

평생 열심히 돈을 벌어서 쌓아두고 보려는 사람이 있다면, 사람들은 그에게 어리석은 사람이라고 손가락질을 할 것이다. 돈을 버는 목적이 어떤 훈장처럼 장식장에 두고 자랑하려는 게 아니라, 아름답게 사용하는 데 있기에 말이다.

　하나님은 《성경》을 통하여 크리스천들에게 물질을 그의 뜻대로 사용할 것을 명하셨다. 그렇지만 우리는 교회의 헌금으로 드리는 일부의 돈을 제외하고는 자신의 뜻대로 사용하는 데 주저하지 않는다. 이런 잘못을 하나님은 바로 책망하지 않고 심판의 날까지 유예猶豫하셨지만, 돌이키지 않는다면 회한의 눈물을 흘려야 할지도 모른다.

　《성경》에서는 예수를 믿는 것이 천국에 들어가는 자격의 전부가 아니라, 하나님의 뜻대로 행하는 자라야만 마침표를 찍을 수 있다고 단호하게 말씀하셨기 때문이다.

01 | 하늘에 재물을 쌓아두라

　지금은 자취도 없이 사라졌지만, 요즘의 암보험처럼 예전에는 교육 보험이 인기였다. 교육보험은 말 그대로 자녀가 학교에 들어가면 학자금을 마련할 수 있는 대안으로, 자녀들을 대학에 보내고 싶다는 세계 최고의 열정을 가진 우리네 부모들의 소망과 맞아떨어져서 십여 년 전만 하더라도 보험회사 최고의 히트상품이었다.

　그렇지만 이 상품이 찬바람을 맞게 된 것은, 자녀가 성장해서 대학에 들어갈 때 보험회사로부터 학자금으로 받은 것이 적은 금액이라는 것을 깨달은 후였다. 같은 금액의 돈이라도 시간이 지나면 물가상승률에 따라 가치가 줄어든다. 물가상승률이 연 5%라면 10년이 지나면 약 61%의 가치로 줄어든다. 지금의 100만 원이 10년 후에는 61만 원밖에 되지 않는다.

　그 이후로 보험회사에서 교육보험은 사라졌다. 보험회사는 그동안 큰돈을 벌었겠지만, 보험계약자는 사기를 당한 느낌이 떠나지 않았었다.

지상의 돈과 하늘나라의 돈

투자를 하는 사람은 누구나 나중에 돌아올 성과를 염두에 두기 마련이다. 그래서 한적한 시골의 토지를 매입하는 사람도, 언젠가 이 논밭이 상업지나 택지로 바뀌게 된다면 수십 배로 오를 것을 생각하기도 한다. 어릴 적부터 자녀에게 사교육비를 엄청나게 들여가며 학원이나 과외를 시키는 것도 마찬가지이다. 아이가 공부를 열심히 해서 명문대학에 들어가 사회지도층 인사가 되어 부모의 가슴에 빛나는 훈장으로 남아있게 되기를 바라는 마음이 간절하다.

자신의 건강을 위해서는 값비싼 보약을 마다하지 않으며, 운동만을 맹신하여 낮이고 밤이고 과도한 운동에 빠진 운동중독자가 늘어나고 있다고 한다. 건강에 투자하는 것만이 최고로 여기기 때문이다. 그렇지만 이 땅에서 투자하는 돈은 자신의 생각대로 되지 않는 경우가 허다하며, 설령 흡족한 결과를 맺었다고 하더라도 유효기간이 한정되어 있다. 이 땅에 살 때에만 누릴 수 있기 때문이다.

사후死後의 세계를 인정하지 않는 세상 사람들은 그렇다 치고, 크리스천들은 이 땅을 떠나면 천국과 지옥이 있으며 지상에서의 살아온 행위를 심판받아 영혼이 거처할 자리가 결정된다는 것을 믿고 있다. 즉, 의로운 삶을 살았다고 인정을 받은 사람은 천국의 백성이 되겠지만, 하나님으로부터 악하다고 판정을 받은 사람은 지옥으로 가게 될 것을 《성경》에서는 경고하고 있다. 그러므로 하나님의 뜻을 알면서도 의롭게 살지 않는다면 천국에 들어갈 수 없다.

> 너희를 위하여 보물을 땅에 쌓아 두지 말라 거기는 좀과 동록이 해하며
> 도둑이 구멍을 뚫고 도둑질하느니라 오직 너희를 위하여 보물을 하늘에
> 쌓아 두라 거기는 좀이나 동록이 해하지 못하며 도둑이 구멍을 뚫지도
> 못하고 도둑질도 못하느니라 마 6:19-20

《성경》에서는 천국을 돈의 완벽한 투자처로 소개하고 있다. 세상에서의 모든 투자는 위험이 있게 마련이다. 예기치 못하는 투자환경의 변화로 수익은 고사하고 원금을 손해 보는 경우도 허다하다. 원금을 손해 보는 것을 겁내어 안전한 은행에만 넣어둔다 할지라도, 인플레이션Inflation(화폐 가치가 떨어지고 물가가 계속적으로 올라 일반 대중의 실질적 소득이 감소하는 현상)에서 벗어날 수 없다. 고수익을 노린다면 큰 위험을 감수해야 한다는 논리가 맞을 수도 있다.

인플레이션이 경제에 미치는 영향
① 소득을 여러 경제주체들 간에 재분배한다.
② 자원의 배분을 왜곡시킨다.
③ 국민의 후생복지에 손실을 준다.
④ 국제수지를 악화시킨다.
⑤ 경기 예측이 가능하다면 기업가들이 낙관적인 심리를 가지게 돼 투자를 촉진시키는 긍정적 효과도 있다.

어쨌든 지상에서는 완벽하게 투자할 만한 곳이 없다는 게 정설이다. 그러나 완벽한 투자 환경을 가지고 있는 천국에 투자하는 돈은 가치가 하락하거나 원금을 잃어버리는 일이 결코 없다.

그뿐만 아니라 투자한 돈의 액수에 비해 보상은 상상할 수 없을 정도로 엄청나다. 천국에 투자하는 단점이라면, 이 땅에서 보상받지 못한다는 점이다. 그러므로 믿음의 눈을 가지고 먼 훗날을 대비하여

투자해야 한다는 게 가장 취약하다. 하지만 천국이 존재하는 것을 의심하지 않는다면, 의로운 행위에 대한 막대한 보상으로 면류관과 상급이 마련되어 있음을 확신하는 크리스천에게는 최고의 투자처이다.

하늘에 쌓아두는 것은 무엇을 말하는가?

《성경》에서 하늘에 쌓아두라고 언급하는 것은 하나님을 섬기며 하나님의 나라를 위해 돈을 사용할 것을 말한다. 그렇다면 우리는 구체적으로 이 뜻을 어떻게 삶에 옮기고 있을까? 일반적으로 교회에 내는 십일조와 선교나 건축헌금을 비롯한 각종 헌금이 머리에 떠오를 것이다. 아마 이런 생각은 설교 때 가장 많이 들었거나, 크리스천들이 일반적으로 생각하고 있는 방법일 것이다. 물론 하나님을 섬기는 교회의 설립과 운영을 위해서는 많은 자금이 필요하며, 교회에서 주관하고 실행하는 해외선교의 지원금으로 쓰이기 때문이다.

물론 이런 생각도 틀리지 않다. 하지만 교회에 드리는 헌금만이 하늘에 쌓아두는 재물에 한정되지는 않는다. 교회가 하나님을 섬기고 하나님의 나라를 위해 성도들로부터 받은 헌금을 바르게 사용할 때는 문제가 없겠지만, 그렇지 않을 때는 드린 헌금이 무의미할 수 있다. 그러나 재물을 드린 사람들이 사용처까지 일일이 참견하고 감독하기는 쉽지 않겠지만, 교회가 진정으로 하나님의 나라를 위해 정확하게 사용하는 것을 지켜보면서 하나님의 뜻과는 다르게 잘못된 곳에 쓰이지 않도록 감독해야 할 책임을 소홀히 해서는 안 된다. 교회는 성도들의 모임으로 이루어졌기 때문이다.

하나님의 나라를 위해 재물을 쌓아두는 것은 섬기는 교회에 드리는 헌금만을 의미하지 않는다. 하나님이 기뻐하시는 곳에 사용되는 모든 사용처를 함축하고 있다. 그것은 가난하고 불우한 이웃을 돕는 것을 비롯해서 교회 이외의 선교단체를 돕는 일도 포함하고 있다. 또한 자신이 섬기는 교회와는 상관없이, 하나님을 섬기거나 하나님의 나라를 확장하려고 애쓰는 모든 사람의 필요를 개인적으로 도와주는 것도 여기에 해당된다. 물론 섬기는 교회에 드려진 각종 헌금도 이런 용도로 사용되므로 마찬가지겠지만, 그 용도의 중요성이나 우선순위를 지혜롭게 결정하여 드리는 것은 개인적인 책임이다.

하나님을 섬기거나 하나님의 나라를 위해 자신의 재물을 기꺼이 드리는 것은 하나님이 기뻐하시는 행위가 될 것이다. 그렇지만 준비해 놓은 재물의 규모에 상관없이 우리 주변에는 나의 재물을 필요로 하는 곳이 적지 않다. 주변에는 섬기는 교회에 십일조와 적당한 헌금만을 드렸다면 내 할 일을 다 했다고 생각하는 이들도 많다. 하나님은 하늘에 쌓아두는 재물의 양만을 가지고 판단하시지 않는다. 하나님이 맡겨놓은 재물의 규모는 사람들마다 다르기 때문이다.

그러므로 자신에게 주어진 재물을 하나님의 나라를 위해 최선을 다해 기꺼이 드리는 마음도 중요하다. 또한 섬기는 교회뿐만 아니라

자연스럽게 알게 된 선교단체나 하나님을 섬기는 사람들도 그들의 필
요를 돕도록 하나님이 붙여준 기회라고 여기고 받아들여야 한다.

쌓이지 않고 사라지는 재물도 있다

자신은 허리띠를 졸라매고 열심히 쌓아 놓았는데, 그곳에 쌓이지
않고 사라진다면 얼마나 허망할까? 재물을 교회에 가져와서 드렸다
고 전부 하늘에 쌓이는 것은 아니다. 하나님이 싫어하시는 헛된 재물
이라면, 교회의 통장은 살찌게 할지는 몰라도 하늘에 쌓이지 않는 허
망한 재물이 될 뿐이다(사 1:13).

하나님이 헛된 재물이라고 가장 먼저 일컫는 것은 정직하지 않은
노동을 통해 얻은 소득을 말한다. 불법과 불의한 행위로 돈을 벌어
드렸다면 받아주시지 않는다. 탐욕에 사로잡혀 법을 피해 주식이나

부동산 등의 투기행위로 번 돈도
마찬가지이다. 적법한 일이지만 남
의 불행한 상황을 교묘하게 이용
하여 돈을 버는 사채업이나, 청탁
과 뇌물 등의 정직하지 못한 방법
을 동원한 사업도 여기에 속한다.
게다가 술과 쾌락을 파는 유흥업
과 불륜의 장소를 제공해주는 숙

박업, 혹은 사행심을 부추기는 도박이나 복권, 성인 게임 등도 하나님
이 싫어하시는 업종이다. 헤아려보면 수없이 많다.

> 내가 보는 것은 사람과 같지 아니하니 사람은 외모를 보거니와 나 여호와
>
> 는 중심을 보느니라 하시더라 삼상 16:7

정직하고 떳떳하게 번 돈일지라도 하나님이
다 받아주시는 것은 아니다. 재물을 가져온 내
면의 목적과 동기를 불꽃 같은 눈동자로 살펴보
신다. 하나님이 재물을 가져오라고 명령하신 뜻
은 두 가지이다. 자신에게 주어진 재물이 하나님
으로부터 공급되었음을 인정하고 믿음으로 보여
주는 것이 십일조를 비롯한 각종 헌금이다. 또한

> "오직 거룩하고 깨끗하게 생활하는
> 사람만이 신을 기쁘게 할 수 있다. 남
> 들의 눈에 띄게 겉으로만 신을 충실
> 하게 섬기는 사람은 옳지 못하고 자
> 신을 치욕스럽게 만드는 것이며 나아
> 가 큰 거짓을 행하는 것이고 신에게
> 그릇 봉사하는 것이다."
> -임마누엘 칸트Immanuel Kant

고단한 삶을 평안한 길로 인도해주시고 풍성한 열매를 맺게 해주시
는 하나님의 은혜에 감사해서 드려야 한다. 즉, 제물을 드리는 목적과
동기에 믿음과 감사가 있어야 한다.

하지만 적지 않은 사람들은 이렇게 드리지 않는다. 십일조뿐 아니
라 십의 이조까지 드리며 거액의 건축헌금이나 선교헌금을 선뜻 드리
는 이들의 속내가 하나님 펀드에 투자하려는 것이다. 그들은 "심은 대
로 거둔다"는 말씀을 투자의 좌우명으로 삼고, 두 렙돈Copper Coins(그
리스의 최소 동전 단위. 호리로 불리기도 한다(눅 12:59))의 생활비를 통째로 드린 가
난한 과부(막 12:41-44)를 성경 속의 워런 버핏Warren E. Buffett으로 여긴다.

그들은 예수님의 비유에서 언급한 씨 뿌리는 농부가 30배, 100배의 수확을 얻은 것(막 4:2-8)을 자신에게 말한 것이라고 추호도 의심치 않는다. 그래서 거액의 십일조가 자신의 목표이며 건축헌금으로 교회를 몇 개 짓는 것이 자신의 사명이라고 공공연히 사람들에게 말한다.

그러나 속내는 정작 하나님의 나라를 확장하고 그분의 의를 이루기보다, 하나님을 통 큰 후원자로 여기며 그분의 도움으로 자신의 사업을 확장하고 세상에서 성공하려는 발판으로 삼고 있다. 더욱 안타까운 것은 이 같은 동기나 목적의 심각한 오류를 깨닫지 못하고 있다는 것이다. 아마 이것은 희생제물을 드려야 축복을 받는다는 기복신앙을 전파하는 잘못된 목회자에게 세뇌되었기 때문이다. 그렇지만 감사와 믿음으로 드리지 않는 모든 헌금은 액수의 규모에 관계없이 하나님이 외면하신다.

과연 헌금을 많이 심으면 부자가 될까?

여호와의 증인을 비롯한 이단異端들도 개신교와 같은 《성경》을 갖고 다닌다. 그들의 전도대상은 무신론자가 아니라, 교패를 붙인 크리스천의 집이다. 문을 열어주면 공손한 태도로 들어오지만, 분위기가 무르익으면 자신들만의 성경논리를 앞세우며 서서히 설득을 시작한다. 자신들만이 하나님이 택하신 무리라며 목청을 곤두세우고 《성경》을 꺼내 들고 빨간색으로 밑줄 그어진 구절을 읽어 내려간다. 그들의 말을 듣고 있으면 반박하기 어렵다. 《성경》에 없는 말도 아니고 철저하게 교육받고 자신들만의 논리대로 말씀을 짜깁기하였기에 허점을 찾기가 어렵다. 이처럼 《성경》 전체를 관통하는 하나님의 뜻을 해박하게 알지 못한다면, 평소에 이단이라고 손가락질을 했어도 얼굴이 붉어질 수밖에 없다.

> 만군의 여호와가 이르노라 너희가 눈 먼 희생제물을 바치는 것이 어찌
> 악하지 아니하며 저는 것, 병든 것을 드리는 것이 어찌 악하지 아니하냐
> 이제 그것을 너희 총독에게 드려 보라 그가 너를 기뻐하겠으며 너를 받
> 아 주겠느냐 말 1:8

이는 비단 성경해석을 둘러싼 이단과의 논쟁에서만 일어나는 것이 아니다. 헌금에 대해서도 마찬가지이다. 헌금에 대한 하나님의 뜻을 제대로 알지 못한다면, 한두 구절만을 인용하여 《성경》 전체의 뜻인 것처럼 가르치는 일부 그릇된 목회자의 설득에 넘어가기 쉽다. 헌금을 많이 내면 이 땅에서 부유하게 살 수 있다는 그들의 말은 절반만 맞는 말이다. 하나님은 세상의 모든 것을 소유하신 분이기에 세상 재물도 당연히 하나님의 것이다.

그렇다면 하나님은 무엇이 부족해서 우리가 가진 재물을 내놓으라는 것일까? 재물에 마음이 가 있는 우리를 잘 알고 계신 하나님은 가장 아끼는 것일지라도 기꺼이 드리고자 하는 우리의 믿음을 보시고자 함이다. 그렇다면 당연히 헌금을 드리는 내면의 동기와 태도를

불꽃 같은 눈동자로 지켜보실 것이다. 헌금의 액수만을 가지고 칭찬해주고 축복해주는 분은 결코 아니다. 그렇지만 이것을 잘 모르고 있다면 많이 내면 크게 축복해준다는 진리에 바로 서지 못한 목회자들의 말에 넘어가기 쉽다.

〈말라기〉에서 언급한 눈먼 희생제물과 병든 것은 이 시대에 어떤 제물일까? 탐욕을 가지고 더 많은 재물을 모으기 위한 투자로 하나님에게 드리거나 불법과 불의한 방법을 가리지 않고 모은 재물을 가져 오는 손을 말할 것이다. 그렇지만 안타깝게도 적지 않은 교회에서는 헌금의 성격이나 엄청난 돈을 드린 교인의 속내를 살피기보다 많이 드리는 손만을 부추기고 칭찬하기 일쑤이다. 그래서 공의로 판단하시는 하나님의 뜻을 잘 알지 못한다면 허망스러운 일만 생길 것이다. 하나님이 싫어하시는 재물은 하나님이 받아주지 않을뿐더러 하늘나라에 결코 쌓이지 않을 것이다. 다만, 교회 지도자의 칭찬거리가 되거나 자의적인 만족감을 충족시키거나 의의 교만을 드러내는 데 이용될 뿐이다.

또한 강단에서 쉬지 않고 선포되는 축복에 대해서도 생각해 보자. 하나님의 이름으로 선포되는 축복과 교인들이 생각 없이 받아들이는 축복은 같은 개념일까? 일반적으로 크리스천들이 생각하는 축복은 건강이나 부자, 성공 등의 현세적이며 지상적인 축복을 떠올리지만 하나님의 뜻은 이와 다르다.

산상수훈山上垂訓으로 알려진 팔복八福이라 일컫는 유명한 예수님의 축복관(마 5-7장)은 우리가 기대하는 것과는 전혀 다르다. 예수님이 말씀하신 팔복은 전부 하늘나라의 영적인 복이라고 해도 과언이 아니다. 천국의 소유자가 되며 하나님을 대면하여 보게 되고 하나님의 아들이라 불리는 것은 말할 것도 없고, 하나님으로부터 불쌍히 여김을 받고 위로받는 것도 지상의 복과는 다른 복이다. 그렇다고 하늘나라의 복을 가르치신 예수님이 우리가 이 땅을 살아가는 데 필요한 지상적이고 현세적인 의식주의 복을 외면한 것이 아니라, 관심을 가지고 넉넉하게 공급해주신다고 약속하셨다. 다만 복의 중요도에 따라 우선순위를 가지고 말씀하신 것이다.

여기에서 우리가 잘못 생각하기 쉬운 것은 구약에서 밝힌 지상적이고 육체적인 복이라도 무작정 부자가 되고 성공하는 복을 말한 것과는 거리가 있다는 점이다. 이 같이 축복에 대한 하나님의 뜻을 잘못 알고 있다면 무작정 잘살며 부자가 되고 성공하는 투의 축복으로만 오해하기 쉽다.

하늘곳간에 쌓여지는 재물

하나님은 어떤 사람의 재물을 가장 기뻐하실까? 여기에 대해 언급한 《성경》의 예는 많다. 형제간의 살인을 가져온 가인Cain과 아벨Abel의 제사, 십일조를 아낌없이 드렸지만 예수님으로부터 책망만을 들어야 했던 바리새인들Pharisees, 교회에 전 재산을 드렸지만 생명을 잃은 아나니아와 삽비라 부부의 안타까운 이야기 등.

하나님이 기뻐하시는 재물의 우선순위의 조건은 지극한 정성이다. 그러므로 마음으로 정성을 다해 드린 재물이 되어야 한다. 분위기에 충동적으로 드렸다가 나중에 후회하거나, 아까운 생각으로 억지로 드리거나 형식적으로 기쁨 없이 드리는 재물이 되지 않으려면 평소에 정성껏 준비해야 한다.

또한 하나님은 드린 돈의 규모가 아니라 가져온 돈의 성격을 중요하게 여기신다(말 1:8). 하나님은 정직한 노동을 통해 벌은 수입을 원하신다. 비록 적은 액수지만 고된 노동의 땀과 희생의 눈물이 배인 돈이라면 하나님이 흔쾌히 받아주시고 기쁘게 여겨 하늘에 차곡차곡 쌓아주실 것이다. 하지만 거금일지라도 불의와 불법을 가리지 않으며 속이고 빼앗아 번 돈이라면 악한 재물이 될 것이다.

물론 사업체를 지혜롭게 경영하고 남보다 더 부지런히 일해 많은 수익을 얻어 감사하게 드렸다면, 지금도 적지 않은 부자일지라도 더 많은 부를 약속해주시고 축복해주실 것이다. 아무리 부자일지라도 큰돈을 드리려면 그에 걸맞은 믿음이 필요하기 때문이다. 세상은 쉽게 많은 돈을 버는 것이 지혜롭다고 말하지만, 이것은 인간적이고 세속적인 지혜에 불과하다. 하나님으로부터 내려오는 신령한 지혜는 정직한 노동을 통해 시너지효과를 내며 기꺼이 감사로 드리는 재물을 통해 배가된다.

각각 그 재능대로 한 사람에게는 금 다섯 달란트를, 한 사람에게는 두 달란트를, 한 사람에게는 한 달란트를 주고 떠났더니 다섯 달란트 받은 자는 바로 가서 그것으로 장사하여 또 다섯 달란트를 남기고 두 달란트 받은 자도 그같이 하여 또 두 달란트를 남겼으되 한 달란트 받은 자는 가서 땅을 파고 그 주인의 돈을 감추어 두었더니 마 25:15-18

하나님이 사람에게 맡겨주신 달란트는 모두 다르다. 만약 다섯 달란트 가진 자가 네 달란트를 벌어왔다면 두 달란트 받아 두 배를 벌어들인 돈과 같은 액수지만 같은 칭찬을 받을 수 없을 것이다. 하나님은 돈의 액수를 보기보다 하나님의 뜻에 합당한 행위를 하기 원하신다. 하나님은 우리 모두에게 똑같은 재능과 지혜와 환경을 주신 게 아니다. 어떤 이는 열악한 환경에서 고되게 일하더라도 적은 수입에 불과하지만, 어떤 이는 편한 환경에서 손쉽게 많은 돈을 벌게도 하신다. 하나님은 돈의 액수가 아니라, 주신 달란트에 비례해서 가져오기를 원하신다. 물론 은혜에 감사해서 넘치게 드렸다면 기쁘게 받으시겠지만, 풍족한 가정환경으로 혜택을 받아 명문학교를 졸업해서 고소득의 수입을 얻는 직업을 가졌음에도 불구하고 소득에 비해 적은 돈을 드린다면 서운해 하시며 책망하실 게 뻔하다.

또한 총명한 머리와 건강한 육체, 좋은 환경으로 많은 부를 얻을 기회를 주셨지만, 쾌락을 좋아해 놀기를 즐기거나 게을러서 일하기를 싫어하여 소득을 얻지 못하는 이들도 있다. 그들은 한 달란트 받은 종처럼 가진 것조차 빼앗기고 하나님 앞에서 쫓겨나게 될 것이다. 이처럼 하나님에게 받은 재능과 지혜, 환경에 합당하게 열심히 일을 해서 풍성한 열매를 하나님에게 가져온다면 흔쾌히 받아주시고 축복해주셔서 하늘곳간에 켜켜이 쌓아두었다가, 우리가 필요해서 요청할 때나 의로운 열매를 맺는 일에 30배나 100배로 주실 것이다.

하나님의 마음을 움직이는 헌금

《성경》에 보면 한 가난한 과부가 자신의 생활비 전부인 두 렙돈을 드렸을 때, 많은 액수를 드린 부자들을 위시해서 헌금을 드린 모든 사람 중에서 가장 많이 넣었다고 칭찬하는 것을 볼 수 있다(막 12:44). 이 내용도 헌금을 강조하는 주제로 많이 인용된다.

그렇다면 하나님은 우리의 생활비도 남김없이 모두 드려야 기뻐하실까? 그래서 우리는 성경의 일부가 아니라, 성경 전체를 관통하는 하나님의 뜻을 알아야 오해가 없다. 하나님은 우리가 드리는 돈의 액수보다 그 동기나 내면의 태도에 더 관심이 있다. 또한 한 집안의 가장이 가족을 돌보아야 할 생계비를 모두 교회에 가져오는 것을 바라지 않는다. 그러면 악한 가장이 되기 때문이다(딤전 5:8).

다시 생활비 전부를 드린 과부를 생각해 보자. 이 과부가 풍족한 재산에서 조금 떼어 드린 돈을 부자보다 많이 넣었다고 한 것은 드린 액수가 아니라 가진 재산의 비례를 생각해서 말씀하신 것이다. 하나님은 우리 모두에게 같은 액수의 재물을 맡긴 것은 아니다. 누군가는 적게 가졌고 누군가는 많이 가졌다. 두 달란트와 다섯 달란트를 받은 종과 달리 한 달란트만을 받은 종도 있는 것처럼, 하나님은 지혜와 능력에 따라 다양하게 재산을 맡기신다. 그러므로 그 재산의 비례에 따라 드리는 헌금으로 믿음을 판단하신다.

그리고 예수님이 그 과부를 칭찬하신 이유는, 아마 극도의 가난 속에서 오래 참음과 절제, 자족의 성품이 몸에 배어 있었기에 생활비가 부족해도 하나님에게 드린 것을 만족하며 살 수 있는 비결을 터득했기 때문일 것이다. 이는 많지 않은 수입으로 버겁게 가족의 생계를 이어가야 하는 일반적인 가장의 입장과는 차이가 있다.

이처럼 하나님은 우리가 가진 소유를 전부 교회에 바치는 것을 기뻐하시지 않는다. 우리는 재물이 주는 즐거움보다는 하나님의 뜻을 행하는 기쁨에서 더 큰 만족을 얻으며, 기꺼이 드린다고 할지라도 먹여주시고 보살펴주시는 하나님을 믿기에 남김없이 드릴 수 있어야 한다. 만일 헌금을 드리고 난 후, 아까워하거나 재정적인 부족함을 채워주지 않는다고 불평한다면 이는 믿음으로 드린 것이 아니다. 믿음으로 드린 자의 아름다운 선행만이 하나님을 감동시킬 수 있다. 이럴 때 하나님이 우리가 가는 길을 평안하고 형통한 삶이 되도록 인도하시고 도와주신다.

어떻게 기쁘고 지혜롭게 드릴 것인가?

하나님은 우리가 절제하며 기꺼이 교회에 드린 헌금이 의로운 열매를 얻는 씨앗이라고 말씀하셨다. 세상에 돈이 지천으로 많아도 이렇게 귀한 가치를 가진 것은 드물다. 그렇기에 우리가 드린 소중한 돈이 귀한 곳에 쌓이도록 하나님의 뜻을 잘 깨닫고 드려야 한다.

믿음을 회복하라

소중한 헌금을 믿음 없이 드리는 자가 있을까? 물론 그렇다. 교회에 드려지는 헌금이라고 모두 믿음으로 드려진다고 생각하면 잘못이다. 믿음의 행위들은 하나님의 마음을 움직여서 기도응답과 놀라운 이적들을 일으키며 은혜로 가득 찬 인생이 된다고 말씀하셨지만, 자신의 삶을 돌이켜 살펴보면 여전히 삶은 고단하고 문제는 풀리지 않고 있다. 즐거움과 평안보다는 짜증과 불안, 혹은 공허함으로 가득 찬 시간을 보내고 있지 않은가? 예수님은 겨자씨만한 믿음만 있더라도 놀라운 이적들을 보게 될 것이라고 말씀하셨지만(마 17:20), 우리는 이 말씀을 현실의 삶에서 확인하기에는 아직도 무언가 부족하다.

교회에서 늘 헌금을 드리게 될 때 듣게 되는 말은, 이 헌금들이 하늘에 쌓여서 수십 배로 배가가 되어 우리에게 돌려준다는 축복의 말이다. 물론 성경적으로 틀린 말은 아니지만, 하나님에게 드리는 헌금이 마치 부자가 되는 고수익의 투자로 오해하게 하는 말이기도 하다. 십일조를 많이 드려 부자가 되었다는 억만장자 존 록펠러John D. Rockefeller(1839-1937년)에 관한 책들이 불티나게 팔리는 현상도 이와 무관하지 않다.

존 록펠러가 성실하게 십일조를 드려서 억만장자가 되었다면, 우리 주변에 오랫동안 십일조를 열심히 드린 사람들은 억만장자가 아니라도 백만장자쯤은 되었어야 한다. 그런데 현실은 평범하게 먹고살기도 어려워하며 가난을 면치 못하는 사람들이 부지기수이다.

현대시대에 우리가 교회에서 드리는 헌금은 구약시대 제사법의 제물이다. 그 제물들은 하나님이 주신 은혜에 감사해서 드렸다. 십일조를 비롯한 각종 헌금도 감사와 기쁨으로 드려야 한다. 그게 하나님이 받으시는 믿음의 행위이다.

그러나 우리는 오랫동안 드려온 관행에 젖어 습관대로 드리는 경우가 있다. 주일이면 교회 예배에 참석하여 헌금봉투에 돈을 넣어 드리지만, 열정이 식은 믿음과 관행에 물든 형식적인 신앙행위에 불과하다. 뜨거운 찬양이나 끊임없는 기도가 없기에 아까운 수입을 떼어 드려진 헌금은 하늘나라에 쌓이지 않고 사라질 뿐이다. 십일조를 드리지만 수입의 십 분의 일이 되지 않는 경우도 적지 않다. 너무 큰 액수라 아깝기 때문이다. 안 드리자니 죄책감이 들고, 드리자니 아까워서 결국 줄여서 드리게 된다. 이렇게 감사와 희생이 없는 헌금은 하나님을 기쁘시게 하지 못한다.

〈사도행전〉에서 재산이 아까워 줄여서 드린 결과로 죽임을 면치 못한 아나니아와 삽비라 부부를 생각해 보라. 하나님이 그렇게 싫어하시는 데 무슨 축복을 기대하겠는가? 뜨거운 믿음을 회복하지 않는다면, 우리가 드린 돈은 아무런 효력 없이 사라질 뿐이다.

필수헌금과 선택헌금을 구별하라

헌금에도 하나님이 꼭 드리기를 원하시는 필수헌금과 형편과 믿음에 따라 드려야 하는 선택헌금이 있다. 이것을 알지 못해 헌금에 소홀히 했다면 평안하고 형통한 인생이 되기보다는 곤궁하고 고달픈 삶의 빌미를 제공한 것이다. 물론 사람에 따라서 형편이 어려워서 드리지 못하는 경우도 있겠지만, 그런 경우는 하나님도 충분히 이해하실 것이다. 하지만 드릴 수 있는 형편임에도 아까워서 드리지 않는다면 하나님의 은혜도 바라지 말아야 한다.

신약시대에 와서는 예수님의 보혈의 공로로 인해 구약 율법의 조문Provisions of the Law이 폐지되고 그 자리에 믿음이 들어섰다. 그래서 불거진 것이 십일조에 대한 논쟁이다. 십일조도 구약의 율법인데, 왜 이것만은 행하느냐는 것이다. 그 해답은 예수님이 말씀하신 마태복음 23장 23절에 있다.

그 당시의 바리새인들과 서기관들은 자신들의 높은 종교심을 드러내고 싶어 율법의 규정에도 없는, 텃밭에 심은 야채와 약초까지 철저하게 십일조를 드렸다. 그렇지만 믿음과 의로움이 없이 드렸다는 이유로 예수님으로부터 책망을 들어야만 했다. 그렇다고 예수님은 십일조 폐지를 언급하기보다 계속 시행하기를 원하셨다.

그러면 다른 율법의 조항들이 폐지되었는데, 왜 유독 십일조만은 지속되기를 원하셨던 이유는 무엇일까? 아마 십일조의 쓰임이 과부나 고아들처럼 가난한 자들의 구제에 사용되었기 때문에 그렇지 않았을까? 물론 교회건물의 유지나 목회자의 생활비로도 사용하지만, 구제에 사용되는 십일조의 주요한 용도 때문에 십일조가 율법의 폐지에 해당되지 않은 이유일 것이다.

어쨌든 십일조 헌금은 일부 진보론자의 생각에 상관없이 하나님이 필수적으로 요청하시는 헌금이다. 또한 헌금 차례가 예배순서에 기재되어 있는 모든 공적인 예배에 드리는 헌금도 필수적이다. 구약의 제사법의 초점은 소나 양의 제물을 드리는 것이었지만, 이 시대에는 제물이 헌금으로 바뀌었다. 그러므로 액수에 관계없이 정성껏 준비하여 드리는 헌금은 예배의 중심을 차지하고 있다.

교회의 한편에는 각종 헌금봉투가 빼곡하게 채워져 있다. 감사헌금을 비롯한 선교헌금, 건축헌금 등 종류도 꽤 많다. 게다가 교단에서 보낸 선교사의 특별 예배 시에 후원을 요청하거나 교회의 리모델링에도 헌금이 요구된다. 또한 장로나 권사, 안수집사 등의 임직식에도 특별헌금의 형식으로 요구되며, 부흥회 때 부흥강사의 열정적인 메시지 뒤에는 축복의 조건으로 하는 헌금이 꼭 따라다닌다. 그러나 이런 헌금들은 모두 선택헌금에 속한다. 형편이나 믿음에 따라 드려도 되고 그렇지 않으면 드리지 않아도 되는 헌금들이다.

하지만 어떤 이들은 직책에 대한 부담, 주변의 시선이나 축복의 조건이라는 이유로 인해 재정형편이 어려운데도 불구하고 드리기도 한다. 그래서 적지 않은 크리스천 가정에서는 수입의 20% 이상이 십일조를 비롯한 각종 헌금으로 드려진다. 게다가 건축헌금이나 임직식의 특별헌금은 적은 액수가 아니다. 그래서 카드를 긁거나 빚을 내어 드리기도 한다. 기꺼이 드리고자 하는 믿음이 없거나 재정형편이 어렵다면 지혜롭게 정하거나 절제하여 드리는 것이 좋다. 신앙생활이 자유로우며 삶에 기쁨을 주어야 하지만, 분명한 원칙도 없이 드려지는 헌금은 건강한 신앙생활에 암초와 같은 존재로 작용하게 된다.

헌금 지출계획을 세우고 실행하라

지금까지 헌금을 드리며 느꼈던 과거사를 돌이켜보라. 부흥회 때 성령 충만한 감정이라 느껴서, 하나님이 원하신다고 생각해서, 목사님이나 교회에서 간절하게 원하는 것을 성도로서 외면할 수 없어서… 이런저런 이유로 계획 없이 충동적으로 드려왔던 헌금이 기쁨과 평안함을 지속하게 해주었는지를 생각해 보라. 시간이 지나고 돈에 부대끼는 현실로 다시 돌아오면 그때 서원하고 약속했던 헌금을 드릴 때마다 후회와 짜증만 남는 일은 없었는가?

그러나 진정 성령님이 원하시는 헌금이었다면 드릴 수 있는 재정환경을 열어주셔서 풍족한 상태로 만족하게 해주셨을 테고, 시간이 지나도 두고두고 평안과 즐거움을 유지할 수 있었을 것이다. 그렇지만 분위기에 휩쓸려서, 혹은 충동적으로 약속한 헌금은 무거운 짐이 되어 신앙생활이 평안하지 못할 것이다.

헌금을 드리는 가장 지혜로운 태도는 평소에 지출계획을 세우고 그 한도 내에서 드리는 것이다. 견고한 믿음을 지닌 크리스천이라면 십일조 헌금이 지출계획의 우선순위에 있을 것이다. 나머지 대부분의 헌금은 선택헌금이다. 그러므로 드리고 싶은 헌금을 마련할 지출항목을 짜서 실행해야 한다. 그러면 충동적으로 드리는 일도 없고 마음 아파하는 일도 없다.

경우에 따라서는 예상치 못한 일회성의 헌금을 드려야 하는 일도 생기게 된다. 이때는 예비비 항목을 정해서 그런 지출에 대해 대비를 해야 한다. 장기적이고 큰 액수를 드려야 할 경우에는 이미 저축하여 여유로운 돈을 이용하거나, 앞으로의 수입에서 따로 지출항목을 정해 충당해야 한다. 그리고 절대로 하지 말아야 할 것은 신용카드를 긁거나 빚을 내어 드리는 일이다. 아무리 선한 일이라도 성경에서 정한 방법에서 벗어나면 안 된다.

비성경적인 관행을 따라하지 마라

오늘 아침에 컴퓨터를 켜보니 게시판에 헌금에 대한 상담의 글이 올라와 있었다. 자신이 다니는 교회의 담임목사가 헌금을 드린 순위를 정해 공표해서 발표하고 적게 드린 사람들을 빗대어 힐난했다고 한다. 또한 무명으로 드리는 태도를 비난해서 그동안 무명으로 드린 자신이 죄책감을 느낀다는 내용이었다. 참 어처구니없는 일이었지만, 이렇게 하나님의 분노를 살만한 일들이 교회 내에서 섬뜩하게 자행 되고 있다. 이처럼 헌금을 둘러싸고 하나님의 뜻과 무관한 일들이 교 회에는 비일비재하다.

교회 내에서 존재하는 비성경적인 관행이 어디 그뿐이랴? 예전에 어느 집사는 믿지 않는 남편 몰래 건축헌금을 드리라며, 자신을 포함 한 집사들을 각각 호명하며 몇 천만 원씩 낼 것을 하나님이 직접 명 령하셨다고 위협하는 부흥사 때문에 상담을 요청한 일도 있었다. 《성 경》을 조금이라도 알면 탐욕스런 잘못된 목회자의 행태에 넘어가지 않겠지만, 《성경》을 읽지 않고 하나님의 뜻에 무지하기에 그들에게 쉽 게 휘둘리고 고단한 삶을 살아간다. 이렇듯 교회를 짓는 일에 희생적 으로 헌금하는 것만이 지상적이며 현세적인 축복을 얻는 최고의 비 결인양 말하는 이들이 적지 않다.

하지만 아무리 의롭고 착한 일이라도 성경적인 방법이 아니라면 하 나님의 뜻과는 상관이 없다. 하나님은 우리가 드리는 돈의 액수에 대 해서는 그다지 관심이 없다. 그보다는 먼저 헌금을 드리는 동기나 마 음의 태도를 불꽃 같은 눈동자로 지켜보신다는 것을 알아야 한다.

하늘에 재물을 쌓아두라

01 어디에 투자할 것인지를 선정하라.

땀 흘려 번 돈을 은행에 넣어둔다고 해서 안전할까? 때론 인플레이션을 맞을 수도 있다. 세상의 모든 투자는 위험이 있게 마련이다. 하지만 《성경》에서는 천국은 완벽한 투자환경을 가지고 있다고 말한다(마 6:19-20). 인플레이션으로 돈이 하락하거나 원금을 잃어버릴 일도 없다.

02 하늘에 쌓이지 않는 재물도 있다.

하나님은 이스라엘 백성이 정직하지 않은 노동을 통해 얻은 소득으로 하나님 앞에 드릴 때 "다시는 헛된 제물을 가져오지 말라. 다 쓸모없는 것들이며… 내가 더 이상 견딜 수 없다"(사 1:13)고까지 말씀하셨다. 또한 정직한 돈일지라도 하나님은 내면의 목적과 동기를 보신다는 사실을 인식해야 한다.

03 하늘곳간에 쌓이는 재물(또는 제물)은 무엇일까?

하나님이 기뻐하시는 재물이 되는 우선순위의 조건은 지극한 정성이다. 성경에 보면, 가인과 아벨의 제사 중에 아벨의 제사를 받으셨고, 교회에 전 재산을 드렸지만 생명을 잃은 아나니아와 삽비라 부부도 있으며, 십일조를 아낌없이 드렸지만 책망을 들었던 바리새인들도 있었다. 분위기와 충동으로 드리는 물질은 하늘에 쌓일 수 없다.

02 │ 가난한 이웃을 돌아보라

　부자는 누구나 바라기 때문에 부를 성취하는데 문제가 좀 있어도 사람들은 너그럽게 이해하고 받아들이는 경향이 있다. 재벌의 탈세脫稅나 탈법脫法에 대한 법원의 솜방망이 처벌이 이를 잘 대변해준다. 부자가 되기 위해 법을 어기고 도덕적으로 비난받을 만한 일이 있더라도 다른 죄에 비해 세간의 평판조차 너그러운 편이다. 누구나 그 자리에 있거나, 그 같은 상황이 되면 똑같이 할 것이라는 동료의식(?)이 발동해서인지 모르겠다. 어쨌든 부자가 되는 수단과 방법이 문제가 있다면 뒤에서 비난해도 곁불이라도 쬐고 싶어 부자 친구가 되고자 한다.

　부자들의 전형적인 특징은 두 가지이다. 돈에 대한 끝없는 욕심을 가지고 가진 돈을 꽉 잡고 놓지 않는 것과 돈을 모으고 쌓는 행위에 대한 집념과 열정이다. 그래서 그들은 구두쇠 소리를 듣는 것을 싫어하지 않는다. 부자가 되려면 그 정도의 비난은 자장가로 여겨야 한다고 생각한다. 그래서 갚을 능력이 없어 보이는 사람들에게는 아무리 오랜 친구와 가까운 형제나 친척이 돈을 빌려달라고 해도 단호하게 거절한다. 빌려주면 이자는 고사하고 원금도 받을 수 없다는 것을 잘 알기에, 비록 오랜 우정이나 형제의 정을 끊을지언정 돈을 놓칠 수 없다는 게 부자들의 냉정한 논리이다.

가난한 이웃에 무관심한 자들에 대한 하나님의 생각

세상 사람들과 그들의 목표인 부자가 어떻게 생각하든 크리스천에게 중요한 것은 하나님의 뜻이 어디에 있느냐이다. 하나님은 세상을 지으시고 모든 만물이 풍족하게 먹고 살만한 환경을 마련해주셨다. 사람들도 열심히 일하면 가족을 부양하고 넉넉하게 먹고살게 해주셨다.

그렇지만 노동력을 잃은 이들은 가난할 수밖에 없다. 불행과 재앙으로 돌봐줄 부모를 잃은 소년 가장들은 정부나 자선단체의 손길에 기대어 살아야 하고, 봉양해 줄 자식들이 없거나 아예 부모를 돌볼 생각조차 없는 자식을 둔 늙은 노인들도 처지가 안타깝기는 마찬가지이다. 그 밖에도 사고나 질병으로 장애를 입은 장애인들도 노동력이 없기에 가난할 수밖에 없다. 하지만 노동력을 잃어서 가난한 이들과 일할 수 있는 육체와 건강이 있지만, 게을러서 일하려 하지 않는 사람들과 구별해야 한다.

어쨌든 하나님은 우리가 이 땅에 살면서 풍성한 소득을 얻을 수 있도록 배려해주시고 환경을 조성해주셨다. 그런데 하나님의 사랑을 입고도 주변의 불우한 이웃들을 돕지 않는다면, 자신은 만 달란트의 빚을 탕감 받았으면서도 겨우 백 데나리온의 빚을 갚지 않는다며 옥에 가둔 잔혹한 사람을 따르는 것과 같다.

> 네가 네 포도원의 포도를 딴 후에 그 남은 것을 다시 따지 말고 객과 고
> 아와 과부를 위하여 남겨두라 신 24:21

하나님이 먹고 남은 재물로 가난하고 불우한 자를 돌보라고 하신 것은 간절한 부탁이나 배려가 아니라, 누구에게나 예외 없는 명령이다. 그러나 자신에게 주어진 재물을 오직 자신의 소유라고 여기고 자기 마음대로 사용하는 이들이 많다. 천국에 들어가는 자격을 얻는 것은 예수를 구주로 믿기만 하면 되는 것이 아니다. 하나님의 뜻대로

행하는 자만이 천국 백성의 자격이 주어진다고 《성경》은 곳곳에서 밝히고 있다. 이 땅에서는 부자로 살았지만, 천국에 들어갈 수 없다면 차라리 가난하게 살지라도 영혼이 잘되는 쪽을 선택해야 한다.

가까운 가족조차 돌보지 않는 이들도 있다

가난한 사람들이 아프리카나 아프가니스탄 Afghanistan에만 있는 것은 아니다. 우리의 가까운 곳에도 많다. 가난하고 불우한 삶을 사는 사람을 찾아보면 어찌 가까운 친족이라고 없겠는가? 핵가족사회가 되어 친인척끼리도 이해관계가 없다면 소식을 끊고 지내는 것이 요즘의 세태이다. 게다가 가난하고 불우한 친척이 있다면 더욱 외면하고 지내게 된다. 귀찮게 쫓아다니며 돈을 내놓으라고 할까 봐 두려워 부모나 형제끼리도 등을 돌리고 관계를 끊고 사는 세상인데, 그보다 먼 친척이라면 말할 나위도 없다.

폴란드의 피아니스트이자 정치가인 이그나치 얀 파데레프스키Ignacy Jan Paderewski(1860-1941)의 말
"언젠가 빈의 어느 일류 식당에 앉아 있는데, 성냥 파는 걸인이 들어왔어요. 아무도 성냥을 사 주지 않았죠. 그는 나가면서 '가난한 음악가를 돕기 위한 모금'이라는 표지가 붙은 테이블을 보고 그 위에 성냥 한 갑을 놓고 가더군요. 내게는 그가 가장 큰 교훈을 남긴 사람이랍니다."

가난한 이들도 찾아오지 않는 친척을 굳이 만나고 싶어 하지 않는다. 자신을 도울 생각이 없는 이들에게서 자존심마저 상처받고 싶지 않기 때문이다. 가까운 친척이나 식구 중에 끼니 걱정을 할 정도로 힘들게 사는 이들도 있지만, 이미 남남으로 지낸 지 오래며, 어디에서

어떻게 사는지 알고는 있지만 서로 찾지 않는다. 그렇지만 이들을 돌보는 것이 자신의 책임이라고 한 번이라도 생각해 보았는가?

> 누구든지 자기 친족 특히 자기 가족을 돌보지 아니하면 믿음을 배반한 자요 불신자보다 더 악한 자니라 딤전 5:8

하나님은 재정적인 능력이 있는 친척들이 가난하고 어려운 혈육들을 돌보기를 원하신다. 이는 하나님의 사랑을 본받아 그대로 실천하도록 하기 위함이다. 세상이 각박해지고 점점 살기 어려워지는 이유는 돈벌이가 시원치 않고 소득이 적어서가 아니라, 하나님의 명령에 무관심하며 이웃에 대한 사랑이 식고 있기 때문이다.

믿음의 형제들에게 관심을 가져라

하나님이 우리에게 주신 재물의 목적은 일용할 양식과 의로운 열매를 맺기 위한 씨앗이다. 의로운 열매의 중심에는 가난한 이들을 위한 구제와 하나님 나라의 확장을 위한 선교가 있다.

특히 가난한 형제를 위한 구제는《성경》에 여러 번 반복된 하나님의 명령이다. 교회에 드려지는 십일조의 사용도 가난한 형제를 돌보는 용도가 우선순위를 차지하고 있다.

그러므로 우리는 기회 있는 대로 모든 이에게 착한 일을 하되 더욱 믿음
의 가정들에게 할지니라 갈 6:10

하지만 우리는 이 명령을 잘 지키지 않는다. 교회에서 사용하는 헌
금의 용도 중에서 구제에 사용되는 비율은 3%도 채 되지 않는 현실
이 이를 잘 보여주고 있다. 하나님의 뜻을 모범적으로 행해야 할 교회
조차도 구차한 변명을 하며 잘 지키려 하지 않으면서 성도들에게 가
난한 이들을 돌아보라고 가르치는 것은 부끄러운 일이다.

구제를 많이 하면 가난해지지 않을까?

대부분의 사람은 가난한 이웃을 돕고 싶은 마음이 전혀 없는 것
이 아니다. 구제를 해도 자신이 먹고살기에 충분한 재물이 있다. 그
런데도 구제를 하지 못하는 이유는 구제를 많이 하면 내 것이 줄어
들어 자칫하면 내가 가난해지고 궁핍하게 살게 되지 않을까 하는 염
려 때문이다.

사실 넉넉지 않은 형편에 남을 돕는다면 더욱 부족해지는 것은 상
식적인 일이다. 그래서 부자가 아니라면 자신의 재물이 줄어들기에
돕는 일을 주저하게 된다. 비크리스천이라면 살아온 경험에서 이 같
은 계산을 하게 만들었겠지만, 하나님을 믿는 크리스천에게도 세상적
인 산술과 인간적인 지혜를 앞세우는 일이 적지 않다.

흩어 구제하여도 더욱 부하게 되는 일이 있나니 과도히 아껴도 가난하게
될 뿐이니라 잠 11:24

《성경》에서는 상식과 자연의 법칙에 어긋나는 일들을 종종 이처
럼 소개한다. 내 재물을 남에게 주면 더욱 부해지지만, 아껴도 재물
이 쌓이기보다는 더욱 곤궁해진다고 말한다.

이 같은 사실은 일반적인 세상의 원칙이 아니다. 보이지 않는 누군
가가 중간에 손을 써서 예측되는 결과를 틀어버리기에 생기는 일이
다. 《성경》에서는 그분이 바로 하나님이라고 은밀히 말하고 있다. 왜
자신이 세운 세상의 법칙을 바꿔가면서까지 고집스럽게 관여하고 계
실까? 그것은 노동력이 없어 가난하게 살 수밖에 없는 이들을 보살피
는 책임이 그에게 있기 때문이다. 그래서 이 일을 기꺼이 맡은 자신의
종들에게 초자연적인 능력을 통해 나누어주어도 줄어들지 않는 수입
원을 만들어 주신 것이다.

어떻게 해야 하나님의 능력으로 구제할 수 있을까?

하나님이 기뻐하시는 행위는 모두 마찬가지이지만, 구제도 역시 지
혜롭게 해야 한다. 마치 자신만이 하나님의 곳간열쇠를 받은 유일한
사람처럼 여긴다면, 하나님의 도우심은 다시 일어나지 않을 것이다.
하늘로부터 내려오는 지혜의 목적은 하나님의 뜻을 깨닫고 그 뜻대

로 삶에 적용하는 데 있다. 즉, 하나님의 도움을 받으면서 구제하는 비결은 겸손에 있다.

하지만 적지 않은 사람들은 처음에는 하나님이 기뻐하시는 대로 시작하지만, 나중에는 교만해져서 자신의 행위를 자랑하고 싶어 하거나 인정받기를 은근히 바라고 있다. 그러나 돕는 재물이 마치 자신의 소유인양 어깨를 으쓱하며 칭찬받기를 바란다면, 하나님의 손길을 더는 기대하지 말아야 한다. 중도에 하나님의 손길이 사라지는 이유가 여기에 있다. 그러나 늘 처음처럼 겸손한 태도를 잃지 않는다면, 나누어주고 베풀더라도 줄어들지 않는 보물창고를 소유하게 될 것이다.

네 손이 선을 베풀 힘이 있거든 마땅히 받을 자에게 베풀기를 아끼지 말며 잠 3:27

하나님은 재물이 많으면서 불쌍한 이웃을 돌아보지 않는다면 악한 사람이라고 책망하신다. 그 반대로 자신도 어려운데도 구제를 무리하게 행하여, 가족에게 어려움을 주는 것도 하나님의 뜻이 아니다.

구제를 하는 가장 중요한 마음의 자세는 불쌍히 여기는 마음으로 행해야 한다. 그러나 구제를 의무로 여겨 억지로 하거나 남의 눈치를 보며 마지못해 행한다면 도움을 받는 사람은 물론 하나님도 기뻐하지 않는다. 그러므로 일시적이나 감정적이 아니라 평생 구제에 힘쓰려 한다면, 도와줄 재물을 평소에 준비해 두어야 한다. 즉, 구제를 하더라도 자신과 가족들의 생계에 어려움이 있지 않는 범위에서 해야 언제나 즐겁고 평안한 마음을 유지할 수 있다. 그러므로 꾸준하게 남을 도와주는 삶을 살려면 평소에 수입의 일부분을 저축해 두는 것도 좋은 방법이다.

하나님은 구제에 필요한 재물을 어떻게 주시는가?

하나님이 구제에 필요한 재물을 펑펑 쏟아 부어 주신다면 그처럼 좋은 일도 없을 것이다. 남에게 좋은 일도 하고 하나님에게 칭찬도 받으니, 도랑 치고 가재 잡는 격일 것이다. 그렇지만 이런 재원을 마련하는 것은 현실의 삶에서 쉽지 않다. 그래서 많은 자선단체나 구호기관들이 수시로 후원자를 모집하고 기금마련에 목을 매는 이유이기도 하다. 기도를 열심히 하고 신앙행위에 열을 올린다면 하나님을 감동시켜, 예기치 않은 곳에서 돈이 들어오고 기적을 통해 재정이 풍부해진다는 메시지를 많이 들어왔던 우리는 은근히 초자연적인 하나님의 손길을 기대한다.

그러나 한마디로 이런 일은 거의 일어나지 않는다. 물론 필요에 따라 적절한 도움을 주시겠지만, 초자연적이고 기적적인 방법만을 고집하지 않는다. 그보다는 합리적이고 자연적인 방법을 통해 재정을 풍부하게 하심으로써 재원을 마련해주신다. 그러므로 하나님이 사용하시는 종의 자격을 먼저 갖추어야 한다.

하나님이 구제에 필요한 재물이라고 특별한 방법을 통해 주시는 것은 아니다. 평소에 일하는 직업을 통해 생계에 필요한 수입을 얻게 해주시는 것과 별반 다르지 않다. 그러면서 노동을 통해 얻어진 수입을 어떻게 사용하는지를 면밀하게 지켜보신다.

즉, 하나님이 원하는 목적에 맞게 사용하는지와, 절제와 자족의 성품을 갖추고 있는지를 판단하신다. 그래서 합당한 자에게 지혜를 주시고 환경을 열어주셔서 구제에 사용하고 남을만한 재물을 주신다.

물론 하나님이 주시는 지혜를 받아 직업에 적절하게 사용하여 풍성한 열매를 맺기 위해서는

●요셉
야곱의 열두 아들 중 열한 번째 아들로 아버지의 특별한 사랑을 받았고, 그 때문에 형들로부터 미움을 받아 애굽 노예 상인에게 팔려 갔으나 후에 애굽의 총리가 되어 전국적인 기근에 정사를 잘하였으며, 양식을 구하러온 형들을 만나 아버지와 같이 그곳에서 살게 되었다(창 37:45).

많은 시간과 노력이 필요하다. 하나님이 주시는 지혜라고 해서 기적적이고 특별한 그 무엇이 있는 것이 아니다. 하는 일을 통해서 아이디어와 창의력을 주시고, 지혜롭게 사업체를 관리하거나 사업을 영위하도록 도와주신다. 일반 직장에 있는 사람들도 하는 일마다 좋은 성적을 얻게 해준다. 하나님이 요셉Joseph●과 함께 하심으로 탁월한 성

과를 맺게 해주셨듯이 성공적인 업무의 결과로 수입이 더 좋은 자리로 승진하게 될 것이다. 사업가나 투자가는 말할 것도 없다. 그래서 얻어진 수입으로 불우하고 가난한 자를 돕는 재원이 더 커지도록 해주시는 것이다.

그러므로 하나님이 기뻐하시는 구제 사업에 뜻이 있거나 평소에 가난한 자들을 돕기 위한 재원이 필요했다면, 먼저 하는 일에 풍성한 열매를 맺도록 더 열심히 일하고 지식과 경험을 쌓아 전문가의 반열에 서도록 해야 한다. 하나님의 지혜를 구하며 환경이 열리기를 간절히 기도하는 것도 빼놓지 말아야 한다. 그렇게 해서 점차 수입이 많아지면 더 많은 사람을 도울 수 있고, 필요하다면 기관이나 조직을 후원하거나 직접 만들어서 하는 날도 오게 된다.

가난한 이웃을
어떻게 돌아볼 수 있을까?

01 먼저 가난한 이웃에 대한 하나님의 마음을 알아야 한다.

하나님은 먹고 남은 재물로 가난하고 불우한 자를 돌보라고 하셨다(신 24:21). 이것은 하나님의 간절한 부탁이 아니라 명령이다. 노동력을 잃고 수입이 없어 가난해진 이들을 돌보라고 우리에게 풍성한 소득의 열매를 주시는 것이다.

02 가까운 가족과 믿음의 형제들에게 관심을 갖으라.

생활에 어려움을 겪는 사람들은 멀리 있지 않다. 그 사람이 친인척일 수 있고, 같은 교회에 다니는 믿음의 형제일 수도 있다. 하나님은 그들을 돌아보라고 하셨다. 그렇게 하지 않는 것은 믿음을 배반한 사람이고, 불신자보다도 더 악한 사람이라고까지 말씀하셨다.

03 구제를 많이 하면 가난해진다는 편견을 버리라.

사실 넉넉하지 않은 형편에 구제하기란 쉽지 않다. 그러나 《성경》에서는 "구제하면 더욱 부하게 되고, 과도히 아끼면 가난하게 될 뿐이라"고 말씀하고 있다. 하나님은 이런 사람에게 초자연적인 능력을 통해 줄어들지 않는 수입원을 만들어주신다. 또한 하고 있는 일 속에서 아이디어와 창의력을 주시고, 지혜롭게 사업체를 관리하거나 사업을 영위하도록 도와주신다.

03 | 일용할 양식에 만족하라

　'일용할 양식'은 예수님이 가르쳐 준 기도문主祈禱, Lord's Prayer에 있기에 크리스천에게는 아주 익숙한 구절이다(마 6:9-13). 이 말의 원래의 뜻은 사람들이 살아가는 데 필요한 먹을거리인 식량이다. 그렇지만 식량뿐 아니라 세상을 살아가는 데 없어서는 안 될 생필품生必品을 함축적으로 의미한다.

　그런데 예수님은 제자들에게 5가지 항목에 지나지 않은 기도문에 다소 의아한 내용인 생필품의 요청을 넣으셨다. 평생 부유하게 먹고 살 수 있는 재물이라면 모를까, 겨우 생존을 위해 필요한 생필품을 요구하라는 것은 엄청난 지상의 축복을 기대하고 있는 우리에게 다소 맥 빠지는 내용일지 모른다. 그렇지만 우리는 깊게 생각해 볼 겨를도 없이 예배禮拜의 마침을 알리는 즐거운(?) 순서로써 주기도문의 암송을 반복하고 있다.

예수님이 일용할 양식만을 원하시는 이유

예수님이 우리에게 겨우 일용할 양식만을 기도할 것을 요구하신 것은 어린 시절의 어머니처럼 늘 곁에 있어주고 때를 따라 풍성하게 공급해줄 것을 암시해주신 것이다. 그렇지 않다면 평생 필요한 식량뿐만 아니라, 예기치 못한 불행과 재앙에 대비해서 충분한 재물을 요청하라고 가르치셨을 것이 분명하다.

하나님은 사랑하는 자녀들에게는 세상을 다스리는 관리권까지 맡겨주셨다. 물론 이를 받아들이는 것은 견고한 믿음을 통해서이다. 믿음의 눈으로 본다면 우리가 먹고사는 걱정은 기우杞憂에 불과하다. 하늘을 나는 새와 들에 핀 백합화조차 먹이시고 입히시는 하나님이 최고로 아끼는 당신의 자녀들을 외면하실 리 없다(마 6:25-31)

> **사도 바울의 고백**
> "내가 궁핍하므로 말하는 것이 아니니라 어떠한 형편에든지 나는 자족하기를 배웠노니 나는 비천에 처할 줄도 알고 풍부에 처할 줄도 알아 모든 일 곧 배부름과 배고픔과 풍부와 궁핍에도 처할 줄 아는 일체의 비결을 배웠노라"(빌 4:11-12)

하나님이 세상과 더불어 사람들을 지으신 목적은 영광을 받으시기 위함이다. 그런데 생계유지에만 몰두하며 산다면 하나님에게 영광을 돌리기 위한 자신의 정체성正體性을 잊고 살게 마련이다. 그런 사람들은 현재의 재물에 만족하지 못하고 장래에 필요한 재물을 더욱 모아두며 지키는 데 많은 시간을 바칠 것이다.

예수님이 말씀한 일용할 양식을 위한 기도는 생존에 필요한 재물을 얻는 것에만 관심과 시간을 들이라는 의미이다. 그리고 남은 시간에는 하나님에게 영광을 돌리기 위한 본연의 목적에 충실하며 살아야 할 것을 요청하시는 것이다. 물론 이 같이 말씀하신 배경에는 우리가 미래에 필요한 재물은 염려하지 않아도 하나님이 충분히 공급해주신다는 약속이 들어 있다.

내게 합당한 일용할 양식은 어디까지일까?

우리네 조상이 살았던 조선시대의 일용할 양식은 조석朝夕이라 불리던 아침과 저녁 두 끼의 식사만 해결하면 더 바라지 않았다. 지금은 점심을 추가해 세 끼의 식사가 주어져야 하고, 식사메뉴나 반찬의 수도 더욱 풍성해지고 다양해졌다. 당뇨병糖尿病, Diabetes Mellitus이 있는 환자라면 거친 잡곡에다 기름과 양념이 절제된 소량의 반찬이겠지만, 미식가美食家라면 다양한 종류의 메뉴를 추가할 것이다.

일용할 양식이 함축하는 생필품이나 생계비 역시 사람마다 기준이 다르다. 산골에서 텃밭이나 일구면서 사는 농부라면, 바람과 추위를 가릴 따뜻하고 아담한 집과 넓지 않더라도 농작물을 기를만한 농토만 있으면 좋겠다고 할 것이다. 도시에서 태어나 자란 대부분의 사람은 30여 평의 번듯한 아파트에다 자녀를 대학에 보내며 노후에도 충분한 대책이 마련되어 있어야 한다고 생각할 것이다. 제법 산다고 하는 이들은 여기에 만족하지 않고, 강남의 널찍한 맨션아파트와 부부 각각의 자가용에, 해외명문대학에 자녀를 유학 보낼 정도는 돼야 한다고 생각할지도 모른다. 각자 살아온 환경이 다르기에 최소한의 생존에 필요하다며 여기는 기준이 다른 것도 당연하다.

하지만 하나님이 세우신 원칙과 우리가 생각하는 기준은 다르다. 우리가 살아가는 데 필요한 최소한의 요구가 무엇이든지 간에, 하나님의 뜻에 합당하지 않으면 아무 소용이 없다. 국민소득이 차이가 나는 선진국先進國과 개발도상국開發途上國에서 살고 있는 이들이 생각하는 생필품과 생계비는 다르다. 같은 나라에서 살고 있다 하더라도 소득수준이나 생활환경에 따라 그들이 생각하는 일용할 양식이 같을 수는 없다.

그렇다면 하나님이 제시하시는 기준은 무엇일까? 나라의 경제력이나 개인의 소득수준에 따라 다르게 정하신다면, 공의로 다스리는 그분의 원칙에서 벗어날 것이다. 하나님은 경건의 훈련으로 절제節制와 자족自足의 성품이 몸에 밴 상태에서 그들이 생각하고 원하는 생활

수준이 바로 하나님이 정하신 일용할 양식이다. 절제는 영어로 self-control이다. 즉, 자신이 원하고 바라는 상태가 아니라, 마음을 통제하고 다스리는 상태가 된 성품을 말한다.

자족이란 자신이 처한 환경이나 상황이 어떠하든지 상관없이 만족한 마음의 상태를 말한다. 자족의 성품은 욕심이 사라지고 절제가 몸에 밴 상태에서 자리 잡은 마음이다. 즉, 절제와 자족의 성품으로 훈련되어 마음을 다스리고 있는 상태에서 사람에게 필요한 생존의 조건이 하나님이 바라고 원하시는 일용할 양식이다.

이 기준에 의한다면 개인의 소득수준이나 그가 속한 나라의 경제력이 아니라, 경건의 훈련을 통해 몸에 밴 절제와 자족의 성품의 정도에 달렸다고 보아야 한다. 그렇다면 호화스러운 강남의 맨션아파트가 아니라 15평의 임대아파트라도 만족할 수 있고, 중산층을 대표하는 고급 중형차는 차치하고 버스와 지하철로 다니더라도 불편함을 느끼지 않을 것이다.

그렇다고 하나님이 가난과 빈궁함을 풍요로움과 부요함보다 더 인정하는 것은 아니다. 중요한 것은 마음의 상태와 동기이다. 그러므로 형편에 따라 부지런히 일을 하고 지혜롭게 벌어 크고 넓은 아파트에 살며, 자녀를 해외 유학을 보내며, 부유하게 살더라도, 돈에 마음을 빼앗기지 않고 하나님만을 기뻐하며 만족하면서 살아간다면 하나님이 원하시는 일용할 양식의 기준에서 벗어나는 것은 아니다.

높은 생활수준을 누리려면 능력을 갖추라

경건의 훈련을 통해 절제와 자족의 성품이 몸에 배어 돈에 마음을 두지 않고, 최소한의 생계비와 생활환경이 주어지더라도 평안하고 만족한 삶을 살 수 있다면 그것보다 좋은 것은 없다. 그러나 절제와 자족의 성품은 쉽게 얻어지지 않는다. 속세俗世를 버리고 깊은 산중에서 도道를 닦는 수도승이 아니라면 모를까, 돈이 삶에 중요한 부분을 차지하는 대부분의 사람은 돈을 벌고 관리하는 것에 많은 시간을 쓰고 있다. 그들은 부와 재물이 안락하고 행복한 삶을 보장해준다고 믿기에 잠에서 깨어나서 다시 잠자리에 누울 때까지 돈을 좇고 있다.

설령 나름대로 절제와 자족의 성품을 얻으려고 애쓰는 크리스천들이라 할지라도 궁핍과 가난에서 오는 불편함과 고통을 이겨내리란 쉽지 않다. 또한 이웃과 주변의 생활수준이 높아져서 남과 쉽게 비교되기에 이를 극복하려는 노력은 눈물겨운 고행에 가깝다. 그러므로 남다른 각오를 세우며 시작했다 할지라도 나약한 의지와 연약한 인내심으로는 열매를 거두기 어렵다.

부자가 아니더라도 자녀의 교육비는 많이 든다. 또한 크고 넓은 아파트가 아니더라도 한 가족이 발을 뻗고 누울 좁은 아파트라도 장만하기가 쉽지 않다. 게다가 평균수명은 늘어났는데 아무런 대책 없이 노후를 맞이하는 것은 눈물과 고생이 눈앞에 보이는 일이다. 그러기에 절제와 자족함을 갖추는 것도 필요하지만, 최소한의 생활에 필요한 재물을 얻는 능력을 갖추는 것이 중요하다.

하나님은 창조한 세상 속에 모두가 충분히 먹고 살만한 풍족한 환경을 마련해주셨다. 그러나 이를 얻는 노력은 자신들의 몫이다. 그러므로 부지런히 일해서 생계에 필요한 수입을 벌어들여야 한다. 최소한의 생계비는 사람마다 다르지만, 보다 넉넉한 생활비가 필요하다면 부지런히 일하는 것만 가지고는 부족하다. 하나님으로부터 신령한 지혜知慧와 총명聰明을 받아서 삶에 지혜롭게 적용하는 능력이 필요하다.

하나님은 모든 사람에게 여러 가지 재능과 특별한 능력을 주셨다. 그 재능을 계발해서 지식과 경험을 쌓는다면 더욱 풍부한 열매를 맺을 수 있다. 그렇지만 많은 시간과 노력이 필요하다. 그러므로 재능과 적성이 맞는 일에 오랫동안 실력을 갖추고 경험을 쌓는다면 전문가의 반열에 오를 것이다.

자신의 분야에서 전문가의 입지를 굳힌다면, 적은 시간 일을 해도 많은 수입을 얻게 될 것이다. 직장에 다니더라도 직급과 경력이 쌓여 지위가 올라가며 수입이 많아질 것이고, 장사와 사업을 한다면 그동안의 경험이 실패의 위험을 막아주며 좋은 관계를 맺어온 많은 고객이 자산이 되어 고소득의 원천이 될 것이다. 같은 전문직이라도 한 분야에서 오랫동안 실력을 쌓아 명성이 자자한 프로Professional와, 이제 겨우 자격증을 획득하고 이 분야에 뛰어든 새내기Amateur와는 수입을 비교할 수 없다. 보다 높은 수입을 원한다면 자격과 실력을 갖추는 일이 중요하다.

일용할 양식에 만족하려면

돈은 누구나 소유하고 쌓아두고 싶어 한다. 많이 가지면 가질수록 갈증이 심한 것도 돈이다. 그래서 부자는 백만장자百萬長者가 되고 싶고 백만장자는 억만장자億萬長者를 꿈꾼다. 고기도 먹어 본 사람만이 그 맛을 알듯이 돈도 가져본 사람만이 돈이 주는 즐거움을 알며 사람들의 인기를 언제나 누리고 싶어 한다. 그러기에 단지 생존에 필요한 일용할 양식에 만족하고 사는 것은 돈을 추구하는 세상 사람들의 성향에 반기를 드는 행위이다.

그래서 돈을 사랑하는 마음이 죄와 악의 시작이 된다는 것을 아는 크리스천조차도 돈을 쉽게 뿌리치지 못한다. 하지만 돈을 추구하고 좇아가는 삶은 영혼을 잃는 지름길로 향한다. 삶에 필요한 재물은 지혜롭게 쌓아두고 관리해야겠지만, 탐욕을 채우는 도구로 쓰인다면 단호하게 거절해야 하는 이유가 여기에 있다.

> "만족할 줄 아는 사람은 진정한 부자이고, 탐욕스러운 사람은 진실로 가난한 사람이다."
>
> -솔론Solon

일용할 양식에 만족하고 끝없는 욕심을 채우려는 탐욕을 물리치는 힘의 원천은 견고한 믿음에 있다. 이 견고한 믿음을 가지려면 성경을 읽고 듣고 묵상하는 습관이 바탕이 되고, 쉬지 않는 기도로 성령님과 깊고 친밀한 교제를 생활화하는 것을 요점으로 하는 경건한 신앙훈련으로 풍성한 성령의 열매를 맺으며, 신령한 지혜와 총명을 받아 평안하고 형통한 삶을 누리고 있어야 한다.

　일용할 양식에 만족하며 평안한 삶을 살아가든지, 아니면 더 많은 돈을 찾아 세상 풍조世上風潮를 좇아 살아가든지의 선택은 내 안에 하나님의 나라가 이루어지고 성령님이 자신을 통치하고 있는지의 여부로 나타나게 된다. 날마다 성령이 함께하며 깊은 교제를 나누며 살아간다면 세상과 세상의 것들에 마음을 빼앗기지 않을 것이다.

일용할 양식에
만족하기 위한 길

01 예수님이 일용할 양식만을 원하시는 이유를 알라.

예수님은 생존에 필요한 재물을 얻는 것에만 관심과 시간을 들이라는 의미로 주기도에서 일용할 양식을 말씀하셨다. 그리고 남은 시간에는 하나님에게 영광을 돌릴 것을 요청하셨다. 물론 이 같이 말씀하신 배경에는 우리가 미래에 필요한 재물은 염려하지 않아도 하나님이 충분히 공급해주신다는 약속이 들어 있다(마 6:25-31).

02 하나님이 정하신 일용할 양식의 기준을 알라.

하나님이 정하신 일용할 양식의 기준은 하나님은 경건의 훈련으로 절제와 자족의 성품이 몸에 밴 상태에서 각자가 생각하고 원하는 생활수준이 바로 하나님이 정하신 일용할 양식이다. 여기 절제Self-Control는 마음을 통제하고 다스리는 상태가 된 성품을 말한다.

03 높은 생활수준을 누리려면 능력을 갖추라.

최소한의 생계비는 사람마다 다르다. 보다 넉넉한 생활비가 필요하다면 부지런히 일하는 것만 가지고는 부족하다. 그러나 하나님이 주신 재능으로 많은 시간 노력하여 자신의 분야에서 전문가의 입지를 굳힌다면, 적은 시간 일을 해도 많은 수입을 얻게 될 것이다. 프로Professional와 아마추어 Amateur의 수입은 비교할 수 없다.

"게으른 자여 개미에게 가서 그가 하는 것을 보고 지혜를 얻으라 개미는 두령도 없고
감독자도 없고 통치자도 없으되 먹을 것을 여름 동안에 예비하며 추수 때에 양식을 모으느니라"

—

잠 6:6-8

성경적인 돈 관리, 축복의 통로

구체적으로 미래의 계획을 세우라
어떻게 지출을 통제할 것인가?
빚을 지지 마라
위험한 돈 관리를 피하라
《성경》에서 추천하는 재테크 따라 하기
돈 관리, 부부간의 금실이 필요하다

"구슬이 서 말이라도 꿰어야 보배"라는 속담이 있다. 돈을 잘 관리하는 원칙과 철저한 마음가짐을 다짐했다고 할지라도 구체적으로 적용하는 지식과 지혜가 없다면 허망한 일이다. 크리스천조차도 돈 관리에 대한 지혜는《성경》에서 얻기보다 세상에서 얻고 있다.《성경》에는 일반적인 원칙론만 말하고 있지, 삶의 세세한 분야에 적용할 수 있는 지침을 말하고 있지 않기 때문이다.

　《성경》을 잘 가르치는 목회자들조차 돈 관리 분야에 있어서 성경적인 행위에 대해서는 묵묵부답默默不答인 경우가 많다. 성경적인 돈 관리를 일상의 삶에 지혜롭게 적용하려면 우리가 몸담은 세상의 제도와 법, 상품 등에 대한 해박한 지식이 필요하다. 그러므로 성경적이고 전문적인 재정전문가의 지침을 참고해야 할 것이며, 때에 따라 자신의 형편에 맞는 상담과 도움을 요청해야 한다. 그렇지만 가장 중요한 것은 스스로 지식과 경험을 쌓아 자신의 것으로 만들어야 한다.

01 │ 구체적으로 미래의 계획을 세우라

회사를 설립해서 자금을 조달하려면 투자자를 모집해서 사업설명회를 개최해야 한다. 이때 참석한 투자자들에게 자신의 사업에 투자하게 하기 위해서는 치밀한 사업계획서가 준비되어 있어야 한다. 돈을 투자하기만 한다면 놀라운 수익을 내는 각종 사업을 운영하여, 그에 대한 배당금配當金(주식 소유자에게 주는 회사의 이익 분배금)을 지급하게 된다는 내용 등. 물론 투자자를 안심시킬 자료에는 국내외 특허와 전문 자격증이나 실세 정치인과 경제계의 화려한 인맥 등을 넌지시 알게 하는 것도 필요하다.

크리스천에게 돈을 공급하는 투자가는 누구인가? 자신의 능력으로 돈을 번다고 여긴다면 모르겠지만, 자신에게 주어진 재물이 하나님의 공급하심을 인정한다면 이야기는 달라진다. 투자자인 하나님에게 잘 보여야 그분의 지갑이 열리기 때문이다. 그러므로 돈을 주신다면 어떤 목표와 목적을 가지고 사용할 것인가를 자세히 밝히고, 삶에서 세밀한 계획을 세우고 실행하는 것을 보여주어야 한다.

그렇지만 대부분의 크리스천은 이 같이 하지 않는다. 재물을 위해서는 하나님에게 간절히 매달리고 희생적인 기도를 하지만, 정작 하나님으로부터 주어진 재물을 사용하는 것에는 별다른 계획이 없다. 돈을 쓰다가 없으면 또 다시 달라고 하면 된다는 생각을 가지고 있다. 공급자인 하나님의 입장에서 본다면, 이런 무계획적이고 방탕한 사람에게 큰돈을 맡겨주실 리 없다. 그래서 믿음이 좋은 크리스천임에도 빈곤하게 사는 가정이 많다. 관리자의 자격을 갖추지 못한 자녀에게 큰돈을 맡겨주면, 방탕하게 써버려 실망케 하는 것은 물론이고 영혼까지 잃게 되는 안타까운 일이 발생한다는 것을 하나님은 잘 알고 있기 때문이다.

당신의 꿈은 무엇인가?

언젠가 책장을 뒤적이다가 우연히 발견한 초등학교 졸업앨범에 적힌 장래희망을 보고 미소를 지은 적이 있다. 그 당시에는 제법 고민하여 적은 것이지만, 그 이후에 꿈을 이루기 위해 지속적으로 노력했는가를 생각해 보면 고개를 젓게 하기 때문이다. 꾸준히 성취하기 위해 노력하지 않는 꿈은 일장춘몽一場春夢에 지나지 않고, 그 꿈에 대한 목표나 구체적인 계획조차 없다면 막연한 공상空想에 불과하다.

누구나 부자가 되고 백만장자를 소망한다. 크리스천이라면 견고한 믿음과 불굴의 기도 능력을 갖추면 하나님의 도움으로 부를 이룰 수 있다고 생각한다. 그렇지만 하나님의 마음을 움직이려면 먼저 돈의 사용 목적과 구체적인 목표와 세밀한 계획표가 있어야 한다. 그게 없다면 돈을 위한 기도제목은 당신의 욕심을 이루는 항목에 불과하다.

이제 인생을 시작하는 청춘이라면 존 록펠러 John D. Rockefeller(1839-1937년)•와 같은 사업가나 워런 버핏Warren E. Buffett• 같은 투자자가 되어, 많은 돈을 벌어 하나님이 기뻐하시는 선교나 구제 사업을 하겠다고 당당하게 포부를 밝히고 싶어 할 것이다. 세상살이의 만만찮음을 피부로 느끼며, 이제 막 결혼해서 인생을 새롭게 설계하는 신혼부부라면 거대한 희망사항을 접고 내 집 마련이나 편안한 노후대책 같은 현실적인 소망일 수도 있다. 불혹의 나이에 파란만장하며 굴곡 많은 삶을 살아온 중년이라면 악성부채의 해결이나 사업이나 가정의 재정을 회복하는 것이 목표일 수 있다.

●존 록펠러
미국의 실업가. 오하이오스탠더드 석유회사를 설립하여 미국 내 정유소의 95%를 지배하는 스탠더드오일트러스트를 조직하였다. 셔먼독점금지법 위반의 판결을 받은 후 지주회사 뉴저지스탠더드 석유회사를 설립하여 실질적으로 석유업계의 지배를 계속하여, 거대한 회사로 성장하였다.

●워런 버핏
미국의 기업인이자 투자가이다. 뛰어난 투자실력과 기부활동으로 인해 흔히 '오마하의 현인'이라고 불린다. 2010년 현재, 포브스 지는 버핏 회장을 세계에서 3번째 부자로 선정하였다.

그러나 소망이 무엇이든지 간에 하나님이 기뻐하시는 뜻에 합당하며 구체적인 목표가 있어야 한다. 그렇지 않고 자신의 탐욕을 채우는 수단으로 성공이나 부를 나열한다면, 하나님의 마음을 이끌어낼

수 없다. 하나님은 기도응답의 조건으로 하나님의 뜻에 합당한 목록으로 제한하셨기 때문이다. 그 목록이 일용할 양식과 의로운 열매를 맺는 씨앗이다. 그렇기에 우리가 세상에서 살아가는 데 필요한 의식주를 해결하는 목적이 재물과 선교와 구제 같은 하나님의 의를 이루는 돈의 사용처가 되어야 한다. 이 외에의 다른 목적이라면, 아무리 화려한 수사修辭를 곁들여 포장해가며 애원하거나 구구절절句句節節한 변명을 늘어놓을지라도 하나님의 결정을 돌려놓지 못할 것이다.

꿈이 실현되는 구체적인 계획

돈 걱정 없이 살고 싶은 것은 비단 자신만의 소망이 아니라 버거운 삶에 부대끼는 세상의 모든 사람의 소망이다. 그렇지만 그냥 생각으로 그치는 사람이 있는 반면에 현장의 삶에서 이를 누리는 사람도 있다. 그 차이는 무엇일까? 소망을 행동으로 바꾼 사람과 그렇지 않은 사람과의 차이다.

그렇다면 자신의 꿈과 목표를 이루기 위해 현장에서 치열한 싸움을 벌어 승리를 거두려면 구체적인 행동계획이 서 있어야 한다. 당장 이번 달의 수입에 비해 지출예정액이 얼마며, 현재의 저축을 유지하면 몇 년 후에는 어느 정도가 되는지 액수가 머릿속에 선명하게 그려져야 한다. 그런 사람은 지출의 우선순위와 더불어 소비금액을 알고 있으며, 마음을 다스리는 절제 능력이 있기에 오랫동안 꾸준히 재정계획을 실천에 옮기고 있을 것이다.

하지만 대부분의 사람은 꿈에 비해 행동으로 옮기는 의지가 약하다. 신혼 초기에는 열심히 가계부를 적고 저축도 했지만 과거의 추억에 불과하다. 신용카드의 결제액이 나날이 불어나고 저축을 지속하지 못해 결국 포기하며, 짜증과 실망감이 덮치자 슬그머니 가계부 쓰는 일을 그만두고 만다. 급한 재정압박이 없다면 미래의 대책을 세우는 일을 뒤로 미루고, 시간이 흘러가는 대로 그달 그달을 대충 때우며 산다.

이렇게 저축이 없다면 해고나 사업실패 등의 충격을 대비한 완충작용을 하지 못한다. 또한 사고나 질병 등의 불행한 사건, 혹은 자녀의 대학 학자금이나 노후대책 등으로 큰돈이 들어갈 일이 생기면 급하게 빚을 내야 한다. 그때부터 인생이 시련과 고통의 늪으로 점점 빠져 들어가게 된다.

꾸준한 재정계획이 필요한 이유

재정계획이 필요한 이유는 평생 필요한 돈에 비해서 수입은 늘 부족하기 때문이다. 그러므로 이에 대한 적절한 계획에 따라 굳은 의지로 실천에 옮겨야 한다.

평생 필요한 돈
(2008년 기준)

항목	금액	비고
생활비	148만원 X 12개월 X 30년 = 5억 3,280만원	4인 가족 기준, 통계청
주택자금	30평 아파트 = 2억원	지역 평균
교육비	자녀 1인당 x 1억원 x 2명 = 2억원	교육청 통계
자녀	2,445만원(여자) + 5,370만원(남자) = 7,935만원	소비자 보호원 통계
결혼자금		
노후 생활비	15년(부부 잔여수명) x 103만원(70%) x 12개월 = 1억 8,540만원 8년(부인 잔여수명) x 74만원(50%) x 12개월 = 7,104만원 계 2억 5,680만원	
평생 필요자금	총 12억 6,885만원	
※이 돈을 정년퇴직 60세까지 번다고 하면, 2억 6,885만 ÷ 30년 = 4,229만원/년		

이 표에서 보듯이 우리는 연봉 4천만 원이 넘는 돈을 30년 동안 벌어야 평생 살아가는 데 필요한 자금이 될 수 있다. 그러므로 꾸준한 재정계획을 세우고 그 계획에 따라 알뜰하게 살아가야 한다. 장기 재정계획을 위한 목표는 선교자금, 주택자금, 자녀 교육비, 노후대책비 등으로 10년 이상의 계획을 세워야 한다. 중·단기 재정계획은 장기 재정계획을 세분한 것이다.

표에서 보여준 돈을 평생 벌지 못하면 우리는 돈에 대해 자유로운 삶이 되지 못할 것이다. 그에 대한 해결책으로는 일찍부터 저축을 시작하고 수익률을 높여 투자해서 돈이 돈을 벌게 하는 시스템을 만들어야 한다.

첫째, 시간이다. 약 10억 5,000만 원을 모을 때 시간이 걸리는 것을 보면(수익률 12%로 가정),

1. 35년 × 월 20만 원
2. 20년 × 월 120만 원
3. 10년 × 월 500만 원

만약 25세부터 시작하면 월 20만 원씩 저축해도 되지만, 50세에 시작한다면 무려 25배인 500만 원씩 저축해야 한다. 즉, 시간이 돈이라는 것을 알 수 있다.

둘째, 복리이다. 그것은 이자가 이자를 낳고, 그 이자가 이자를 낳고 해서 무한정 산출되는 것을 뜻한다.

1,000만 원을 투자할 경우

수익률	1년	12년	24년	36년	48년	(단위 : 만원)
3%	1,000		2,000		4,000	
6%	1,000	2,000	4,000	8,000	16,000	4배 증가
12%	1,000	4,000	16,000	64,000	256,000	16배 증가
24%	1,000	16,000	256,000	4,096,000	65,536,000	256배 증가

위 표에서 보듯이 수익률이 3%에서 24%로 8배 증가한 데 반해, 투자액은 무려 256배로 엄청나게 증가했음을 알 수 있다. 그러나 만약 부채가 있다면, 이 같은 복리의 마력은 덫으로 작용한다. 하지만 재정계획을 세워 일찍부터 저축하고 수익률을 높여서 투자하는 능력을 개발한다면 평생 돈으로부터 자유롭게 살 수 있으며, 남은 수입은 선교와 구제 등의 의로운 열매로 사용할 수 있다.

어떻게 계획을 실천할 것인가?

목표를 이루려면 구체적인 재정계획을 세우고 그에 따른 예산안(지출계획)을 수립해야 한다. 재정계획을 세우는 이유는 주택마련, 노후대책 등의 앞으로 막대한 자금이 들어가기 때문에 이전부터 저축하고 투자하여 준비해야 한다. 그리고 재정계획에 따른 예산안을 수립하고 그 예산안대로 살면서 재정적인 어려움을 방지하고 절제하는 습관을 길러야 한다. 예산안대로 사는 가장 좋은 방법은 가계부를 쓰는 것이다.

요즈음은 포털 사이트에서 가계부프로그램을 많이 제공하고 있어 그중에 마음에 드는 것을 선택하여 사용할 수 있게 되어 있다. 최근에는 www.gagyebu.com이나 신한은행에서 제공하는 www.emoden.com 등을 많이 이용하고 있다. 아니면 가장 간단한 방법으로 봉투별로 지출항목에 따른 예산액을 넣어두고 봉투에서 꺼내 쓰는 방법도 있다.

또한 저축목적과 저축액, 기간 등을 정해야 한다. 저축목적은 선교자금 마련, 재정자립, 부채상환, 주택마련, 사업자금 등과 같이 다양할 수 있으며 이 저축목적에 따라 정확한 저축금액을 알 수 있고 저축기간 등도 맞추어 준비할 수 있게 된다. 그러나 수입은 고려하지 않고 너무 지나치게 저축액을 정해 놓으면 삶이 윤택함이 없다. 그러므로 수입에서 맞벌이는 50%, 일반적인 경우는 30% 이상을 목표로 하되, 가정에 따라 필수지출액과 의지에 따라 목표액을 정하면 된다.

순서는 저축액을 먼저 정한 후 지출항목을 정하면 된다. 물론 십일조와 같은 필수헌금은 신앙의 정도에 따라 다르겠지만, 먼저 떼어 놓고 지출하는 것이 원칙이다. 다른 지출항목은 주택비, 식비, 교통비, 통신비, 교육비, 잡비 등이 있는데, 배분에 따른 정확한 액수는 예산안 내에서 정하면 된다. 중요한 것은 예산을 세우는 것이 아니라, 예산안대로 집행하는 의지가 중요하다. 저축은 단기간에 끝나는 것이 아니라 평생 해야 하는 좋은 습관이고, 이 습관의 유무에 따라 평생을 재정적으로 넉넉하게 살아가느냐 못 살아가느냐가 달렸다고 해도 과언이 아니다.

하나님에게 당신의
플랜Plan을 보이라

01 당신의 꿈은 무엇인가?

누구나 록펠러와 같은 사업가나 워런 버핏 같은 투자자가 되어 많은 돈을 벌어 하나님이 기뻐하시는 일을 하겠다고 당당하게 포부를 밝히고 싶을 것이다. 그러나 꿈이 무엇이든지 간에 하나님이 기뻐하시는 뜻에 합당하며 구체적인 목표가 있어야 한다. 그렇지 않고 막연하게 자신의 탐욕을 채우는 수단으로 성공이나 부를 나열한다면, 하나님의 마음을 이끌어낼 수 없다.

02 가계의 구체적인 플랜을 세우라.

자신의 꿈과 목표를 이루기 위해 현장에서 치열한 싸움을 벌여 승리를 거두려면 구체적인 행동계획이 서 있어야 한다. 당장 이번 달의 수입에 비해 지출예정액이 얼마며, 현재의 저축을 유지하면 몇 년 후에 쌓일 목돈의 액수가 머릿속에 선명하게 그려져 있어야 한다.

03 수입항목과 지출항목을 분명히 하라.

현재의 삶만을 위해 인생은 존재하지 않는다. 미래의 노후대책까지 생각하고 준비해야 한다. 그러므로 저축을 하고 지출을 하더라도 항상 분명한 목적이 있어야 한다. 순서는 저축액을 먼저 정한 후 지출항목을 정하는 것이 좋다. 여기서 중요한 것은 예산을 세우는 것이 아니라, 예산안대로 집행하는 의지이다.

02 │ 어떻게 지출을 통제할 것인가?

　　재정관리 상담을 하다 보면 빚에 시달리는 가정이 많다는 것에 놀라게 된다. 현재 우리나라의 한 가구당 평균부채는 약 4,300만 원을 넘어섰다. 빚에 찌든 가정은 저축은 고사하고 금쪽같은 수입을 떼 내어 이자를 갚고 있다. 빚을 갚으려면 소득을 늘리면 더없이 좋겠지만, 수입을 늘리는 일은 쉬운 일이 아니다. 그래서 차선책으로 택하는 것이 지출을 줄이는 일이다. 손에 주어진 수입을 지혜롭게 사용하거나, 지출을 통제하며 꾸준히 저축을 해서 빚을 갚거나, 미래를 위한 필요 자금으로 쌓아둘 것을 누구나 소망하고 있다.

충동구매와 과소비를 막아라

　　필자는 변두리의 임대아파트에 살면서 한 평짜리 컨테이너 박스 안에서 구두수선을 하며 고단한 생계를 이어가는 중년남자를 알고 있다. 그는 젊은 시절 타고난 재능과 피나는 노력으로 구두 디자인

과 수제구두 제조로 그 당시 최고의 명성을 누렸다고 한다. 잘나가
는 유명 가수와 영화배우들이 줄을 서서 기다렸으며, 밤새워 일을 해
도 주문이 밀려 있었다고 회상한다. 그때 자신의 한 달 수입이 변두
리의 허름한 집 한 채 값이었다며, 퇴근하면 매일 룸살롱으로 출근하
였고 머리부터 발끝까지 수입명품으로 도배했다고 한다. 다 없어졌지
만 지금까지 남아 있는 유일한 명품이라며 루이뷔통Louis Vuitton 가방
을 내게 보여주었다.

그렇지만 현재 그는 생계비도 제대로 벌지 못하는 빈곤층貧困層의
전형적인 가장에 불과하다. 그가 젊은 시절 저축하며 미래를 준비하
였다면 지금도 화려하게 살겠지만, 그때는 자신의 구두기술만 있다면
화려한 축제와 같은 인생이 계속될 것이라 생각했다고 한다. 지금처

럼 빈궁하고 초라한 노후가 기다리고 있을 것이라고는 꿈에도 생각하지 못했을 것이다.

　미혼의 젊은 여성들은 수입의 전부를 다 써도 된다는 생각으로 외모를 꾸미는데 사용한다. 화장품과 가방, 옷, 구두나 먹고 즐기는 유흥비로 탕진하는 것도 이 때문이다. 예쁘고 아름다운 모습만 유지하고 있다면 젊고 돈 많은 청년이 자신의 남은 인생을 화려하게 꾸며줄 것으로 상상하며 기대한다. 청년들도 세련된 양복에 고급 SUV 차를 거침없이 타고 다니며 밤이면 찬란한 유흥가의 왕자로 변신한다. 부양가족이 없기에 지금의 수입만 가지고도 그런대로 현재의 생활과 품위를 유지할 수 있다.

　하지만 결혼하면 점점 재정의 늪으로 빠져 들어간다. 돈 많은 부모를 둔 신혼부부라면 결혼비용이나 신혼집 마련의 걱정은 없겠지만, 그렇지 않다면 대출을 얻어 빚으로 충당할 게 뻔하다. 그렇게 되면 10-20년 동안 수입의 20% 이상이 주택대출의 원리금상환으로 빠져나갈 것이다. 그래도 아이가 없다면 현재의 소비 형태를 즐기며 그런대로 버틸 수 있겠지만, 아이를 갖게 되면 만만치 않은 육아비용이 들어가기 시작한다. 아기의 나이에 따라 다르지만 약 월 3,40만 원의 양육비가 들며, 두 명의 아이라면 웬만한 직장인 월급에 버금간다. 통계청 발표에 의하면 교육비 비중은 가계家計 수입의 12% 이상이라고 한다. 기본적인 생활비에 대출이자, 자녀 교육비만 하더라도 수입의 30%가 넘는다.

결국 나이가 들수록 빚으로 버티다가 사업의 실패나 직장에서 해고를 당해 수입이 없거나, 자녀의 사교육비와 대학 등록금에 허리가 휘청거리게 되면 가정 경제가 파탄 나는 가정이 하나 둘 늘어나게 된다. 노후대책까지 생각할 겨를이 없다. 지금 당장 발등의 불을 끄는 일이 급하기 때문이다.

그렇다면 해결책은 무엇일까? 소득이 파격적으로 많아지지 않는다면 지출을 줄이는 수밖에 없다. 그렇지만 지출을 줄이는 것은 살을 저미고 뼈를 깎는 고통을 수반한다. 소득이 높아지면 자연스레 지출이 늘어나지만, 소득이 줄어든다고 해서 적어진 수입에 비례하여 지출이 줄어들지 않는다는 통계가 이것을 잘 말해준다. 소비를 줄이는 것이 어렵든지 그렇지 않든지 간에 줄이지 않는다면 돌이킬 수 없는 고통의 늪으로 들어갈 수밖에 없다. 그러므로 남은 인생을 평안하게 살기 위해서라면 선택의 여지가 없다. 지출을 줄여야 한다.

여기에 암적인 존재가 있다. 그것은 충동구매와 과소비이다. 이것들을 없애지 못한다면 아무도 평안하고 행복한 삶의 문으로 들어갈 수 없다.

충동구매와 과소비의 원인을 제공하는 중심에는 신용카드가 있다. 신용카드는 Credit Card로 번역하여 나쁘지 않은 인상을 주고 있지만,

담보가 아닌 신용도를 측정하여 빌려준다는 의미에서 붙여졌다. 빚은 《성경》에서 금하고 있지는 않지만, 하나님이 아주 싫어하시는 것 중의 하나이다. 하나님이 어떻게 여기시든지에 상관없이 우리가 사는 세상에서는 신용카드의 위력은 대단하다. 아내가 없이 살 수는 있어도 신용카드가 없이는 살 수 없다는 우스개 얘기도 있다. 성인이 되면 신용카드를 마치 꼭 챙겨야 하는 성인의 권리처럼 여긴다. 또한 무이자 할부를 무슨 대단한 특혜라고 좋아하며, 이자를 안 받고 외상으로 주는 것을 눈물 흘리며(?) 고마워한다.

신용카드는 소위 지름신*의 환생幻生이 되어 백화점이나 할인매장에서 탁월한 능력을 발휘하고, 유선방송의 홈쇼핑에서 절대로 없어서는 안 되는 지불수단이다. 여기에 홀린 이들은 싸게 할인해주는 기회를 놓치는 것은 손가락을 자르는 아픔으로 여기고, 경품이라도 타게 되면 세상을 전부 얻은 것처럼 기뻐한다. 그 덕분에 집집마다 사용하지 않는 상품으로 가득 쌓여 있다. 베란다에는 러닝머신을 비롯한 각종 운동기구가 빼곡하게 있고, 다용도 방이나 아이들 방에는 수많은 상품으로 가득 차 있어 발 디딜 틈이 없다. 서랍과 찬장에는 다이어트 식품을 비롯한 건강식품이 쌓여 있다. 유행이 뒤졌거나 싫증이 나서 안 입는 옷들로 인해, 헌옷을 수집해 가는 이들이 산타클로스로 여겨 감사해야 할 지경이다. 쌓아두고 신지 않은 구두나 운동화를 누군가가 가져간다고 하면 매우 고마워한다. 허망하게도, 이 상

●지름신
네티즌들이 만든 신조어로 충동구매를 일으키는 가상의 신을 뜻함. 지름신이라는 용어는 '어떤 물건을 사다' 또는 '충동구매를 하다'라는 뜻의 단어 '지르다'와 초인적인 힘을 가진 존재인 '신God'의 합성어이다.

품들을 구입한 금액을 계산해보면 상당한 금액일 것이다.

그렇지만 이 같이 나쁜 상황을 제공한 신용카드를 우리는 여전히 보물단지로 여기고 있다. 신용카드만 잘 사용하면 포인트가 쌓여 영화도 공짜로 보여주고 제과점이나 음식점의 할인혜택을 받을 수 있다고 좋아한다. 경품에 당첨되면 제주도 왕복 비행기표를 받아 신나는 휴가를 보낼 수 있다는 희망도 버리지 않고 있다. 하지만 그 확률을 생각해 보았는가? 아마 로또복권당첨과 비슷할 것이다.

지출에도 우선순위가 있다

세상 사람과 달리 크리스천에게 가장 중요한 지출 우선순위는 십일조를 비롯한 필수헌금이다. 물론 하나님은 우리에게 필요한 재물을 넉넉하게 주시는 공급원이므로, 그분에게 감사하고 그 명령을 좇아 신실한 믿음을 보여 드린다면 평안하고 형통한 삶이 보장될 것이다. 그러므로 십일조와 각종 헌금을 떼어놓되, 필수헌금과 선택적인 헌금을 구분하여 드리는 것이 중요하다. 여기서 십일조와 같은 필수헌금은 지출 우선순위에 두면서 그 외 선택적인 헌금들은 다른 중요한 지출이나 재정상황에 맞추어 드리면 된다. 어쨌든 하나님에게 드리는 예물은 액수보다도 마음의 자세가 중요하다.

두 번째는 빚을 갚는 것이다. 빚이 없다면 해당 사항이 없겠지만, 대부분의 가정은 작든 크든 빚을 지고 있다. 빚을 갚아야 하는 이유는 빚은 저축이자보다 항상 높고 연체를 하면 이자에 이자가 붙는 복리로 불어나기 때문이다. 또한 빚을 갚지 못하게 되면 평안한 삶에 암적인 존재로 불거진다. 악성부채는 부부싸움의 빌미를 제공하며 이혼의 주요한 사유가 되기도 한다. 그러므로 빚이 있다면 우선으로 빚을 갚는 일에 집중해야 한다.

세 번째는 보장성보험에 가입하는 일이다. 우리가 사는 세상은 예기치 못한 불행이 닥쳐 순식간에 단란한 가정이 깨지는 일이 번번하다. 불행한 일은 다양하겠지만, 그중에서 재해나 질병으로 발생하는 막대한 치료비나 가장의 부재로 인한 생활비를 부담해주는 보장성보험은 평안한 삶에 중요하다. 그렇지만 보험은 위험관리를 위한 경비이지 수익성 있는 저축이 아니다. 보험료는 수입의 7% 정도가 적당하며 10%를 넘으면 안 된다. 특히 성인병의 위험이 높은 나이인 가장과 아내는 중요한 질병의 치료비를 지급하는 보장성보험에 가입하여 가혹한 질병에 대한 대비책을 마련해 놓아야 한다.

네 번째는 미래에 큰돈이 필요할 때를 대비한 저축이다. 아기가 없는 신혼부부라도 거액이 들어가는 내 집 마련을 위해 저축이 필요하다. 그 다음은 자녀의 학자금과 결혼비용이 들어간다.

그리고 가장 많은 돈이 필요한 곳이 노후대책이다. 공무원의 정년은 55세부터이고, 교사는 만 62세가 되면 퇴직해야 한다. 우리나라 사람의 평균수명은 여자는 82세, 남자는 75세로 적지 않지만 앞으로 더 늘어날 추세이다. 그렇다면 20여 년을 수입 없이 노후를 보내야 한다. 대부분의 국민은 정부가 주는 국민연금을 믿고 있지만, 지금의 추세라면 용돈의 수준으로 전락할 것으로 보인다. 다른 묘안은 없다. 젊은 시절부터 꾸준히 저축하여 재산을 마련하고 든든한 여생을 준비하는 일뿐이다.

마지막으로, 일반적인 지출을 하는 것이다. 지출 중에는 어쩔 수 없이 지출해야 하는 고정비용 Fixed Costs•이 있으며, 취사선택하여 지출하는 변동비용 Variable Cost•이 있다. 이런 지출내용을 꼼꼼히 체크하여 중요도에 따라 우선순위를 정해 지출해야 한다.

●고정비용

기업이 건물이나 기계 등 기존의 시설을 보유·유지하려면 생산량이 전혀 없더라도 일정한 비용이 필요하고 또 생산량의 증감에 관계없이 단기적으로는 변동이 없는 비용을 말한다.

●변동비용

일정한 생산설비로 조업도의 변동에 따라 크기가 변동하는 원가로서 가변비라고도 한다. 생산비 수준과는 무관한 고정비의 반대개념으로 원재료, 임금, 연료비, 전기료 등을 들 수 있다.

새나가는 돈을 막으라

저축을 할 수 있는 충분한 수입에도 불구하고 그렇지 못하다고 볼멘소리를 하는 이들이 적지 않다. 그런가 하면 그리 많지 않은 수입에도 기본적인 소비를 해가며 적금을 부으며 사는 이들도 있다. 아무리 수입이 적더라도 의식주에 들어가는 지출을 줄이기는 쉽지 않다.

하지만 수입의 규모에 상관없이 넉넉하게 생활하는 비결은 지혜로운 재정 관리에 있다.

어느 가정이나 지출이 큰 것은 대출이자다. 2007년 서울시 자료에 의하면, 서울시민 중 빚을 진 가구가 48%를 차지하고 있으며, 빚을 진 이유 중 주택대출이 64%로 가장 크다고 한다. 물론 내집 마련하는데 대출 없이 살 수 있겠느냐고 반문할지 모르지만, 소득의 20% 이상을 주택대출의 원리금상환으로 써야 한다. 원리금상환은 원금과 이자를 갚는 것처럼 보이지만 이자가 대부분이다. 주택대출은 10-20년의 장기대출이라, 인생의 상당 부분을 허리띠를 졸라매고 팍팍한 삶을 살아야 한다. 또한 자녀의 대학 학자금이나 생활비로 빚을 낸 경우도 11%, 9%로 뒤를 이었다. 어쨌든 소득의 30% 이상을 대출이자로 내야 하는 상황에서 저축은 꿈도 꾸지 못한다. 이자로 새나가는 돈을 막지 않는다면 풍요로운 미래는 없다고 보아야 한다.

우리가 잘 모르게 새나가는 돈의 두 번째는 보험료이다. 가계재정을 상담하다 보면 보험에 대한 편견이 적지 않다. 과도하게 보험료를 많이 내는 가정이 대부분이지만, 수입이 적지 않은데도 보험을 무시하고 아예 보험이 전혀 없는 경우도 있다. 인생은 모험이 아니다. 재앙을 대비할 수 있는데도 불구하고 아무런 대책 없이 사는 것은 지혜롭지 못하다.

물론 연금보험이나 저축성보험은 저축이기에 예외라 하지만, 보장성보험은 환급받는 때를 고려하면, 그동안의 물가상승으로 인해 돈의 가치가 형편없이 낮아진다는 것을 알아야 한다. 보장성 보험료는 수입의 7% 이내가 가장 적당하고 10%를 넘어서면 안 된다. 이 기준에 넘는 보험료는 새나가는 돈이다. 보험은 저축이라기보다 불행이나 재앙에 대비한 경비로 여겨야 하기 때문이다. 저축이나 투자를 생각한다면 다른 금융상품을 찾아라. 보험은 그냥 보험일 뿐이다.

가정의 지출목록에서 사교육비가 차지하는 비중이 크다. 우리나라 사교육비 시장은 무려 20조 원으로 공교육을 추월했다. 소득과 지역, 부모의 교육수준에 따라 차이가 있지만 학생 1인당 월평균 사교육비는 22만 원이라고 한다(2008년 통계청자료). 지역적으로 대도시는 시골에 비해 훨씬 많은 금액이 든다. 평균적으로 두 자녀가 있다면 사교육비가 소비지출의 20% 이상으로 나간다. 소득이 충분하다면 자녀를 위한 투자라고 여기겠지만, 저축도 하지 못하고 빚만 있는 가정에서 무턱대고 퍼붓는 사교육비는 문제이다.

필자의 오랜 학원 강사 경험으로 보면, 학원에는 놀러온 아이들이 부지기수이다. 공부에 관심이 없는 아이를 그냥 학원에 보낸다면 돈 낭비, 시간낭비일 뿐이다. 공부에 열의만 있다면 돈을 적게 들이는 방법도 많다. EBS 등의 인터넷 강좌를 통한 학습이나 구청에서 무료로 운영하는 공부방 등도 고려해보라.

요즘은 경조사비도 만만치 않다. 잘 모르는 사이라도 의무적으로

5만 원은 해야 한다고 대부분 생각한다. 물론 나중에 자녀가 결혼할 때 돌려받는다고 생각하면 되겠지만, 현재의 재정상태가 더 중요하다. 귀찮겠지만 재료를 사서 선물을 만들거나 정성이 담긴 선물로 대체하면 돈은 많이 절약될 것이다.

부부의 용돈이나 휴가비나 외식비 등의 문화비도 새나가는 돈이 될 가능성이 큰 지출항목이다. 물론 팍팍한 삶에 활력을 주는 문화비도 필요하지만, 재정형편에 맞게 책정한 한도 내에서 절제하며 지출하지 않는다면 밑 빠진 독에 물 붓는 격이 된다.

이 외에도 새나가는 돈의 출처를 생각해 보면 많다. 현재의 수입을 더 높이는 일은 무척이나 어렵다. 그보다 현실적인 대안으로 이처럼 새나가는 돈을 막는다면 생각보다 쉽게 저축할 수 있다.

지출을 막는 법

01 충동구매를 막아라.

충동구매의 원인을 제공하는 중심에는 크레디트카드가 있다. 카드를 잘 사용하면 포인트가 쌓여 공짜로 영화를 볼 수 있고, 제과점이나 음식점 등에서 할인혜택을 받을 수 있으며, 당첨되면 휴양지로 떠나는 왕복 비행기표까지 받을 수 있다고 한다. 하지만 그로 인해 새어나가는 지출은 더 많다.

그러므로 충동구매를 막기 위해서는 쇼핑을 대신할 취미활동 찾기, 쇼핑할 목록을 미리 작성하기, 현금으로 구매하기, 될 수 있으면 쇼핑몰 출입을 자제하기, 현재 자신의 재정상황을 냉정하게 분석해야 한다.

02 지출의 우선순위를 정하라.

첫째, 크리스천으로서 필수헌금과 선택적인 헌금을 정해야 한다.

둘째, 가계의 빚을 갚아나가야 한다. 이유는 빚은 저축이자보다 높기 때문이다.

셋째, 세상에는 예기치 못한 불행한 사건이 있기 때문에 보장성보험을 들어야 한다. 보험을 들 때에는 수입의 7% 정도가 적당하며 10%를 넘으면 안 된다.

넷째, 미래에 큰돈이 필요할 때를 대비한 저축이 필요하다(자녀교육비 및 결혼비용 등).

다섯째, 고정비용과 변동비용을 꼼꼼히 체크하여 중요도에 따라 지출해야 한다.

03 | 빚을 지지 마라

우리나라 사람치고 빚 없는 사람은 드물다. 서울시에서 조사한 것을 보면 전체 가구 중 절반인 47.9%가 빚을 지고 있다(서울 서베이, 2008년). 그리고 최근 금융위원회에서 발표한 사채이용자는 20세 이상 중 5%가 넘는 189만 명이라고 한다. 사채시장 규모는 16조 5천억 원이며, 평균 대출금은 873만 원이었고, 평균 이자율은 연 72%로 법정 상한선인 연 49%보다 월등하게 높았다. 문제는 앞으로도 이 같은 추세가 점점 악화될 것이라는 데 있다.

국민소득이 늘어나고 잘살게 되고 있다고 하는데, 왜 우리의 삶은 점점 팍팍해지고 있는 것일까? 그 주요한 원인 중의 하나가 빚이다. 빚이 있다면 아무리 소득이 늘어나도 정작 자유롭게 소비할 금액이 줄어들며, 소득이 줄어들거나 제자리걸음을 하고 있다면 피부로 느끼는 고통은 상상을 초월할 것이다.

빚을 없애지 않는다면 진정으로 자유로운 삶을 누리기는 어렵다. 그렇지만 빚은 우리의 삶에 단단히 뿌리를 내리고 있어서 완전히 뽑

아버리기가 쉽지 않다. 그래서 대부분의 사람은 원하지 않는 빚과의 동거를 인정하며 살고 있다. 빚에서 빠져나오는 것은 거의 불가능하게 느끼기 때문이다.

크리스천에게 빚은 무슨 존재인가?

《성경》에서는 빚을 금지하고 있지 않지만, 엄격하게 말하고 있다(잠 22:7). 빚을 지는 것은 자유롭고 평안한 생활을 빼앗기는 것을 말한다. 예수님은 우리의 자유로운 영혼을 위해 십자가의 참혹한 형벌을 마다하지 않으시고 대신해서 죄를 갚아주셨는데, 우리는 세상의 값싼 쾌락이나 달콤한 유혹을 뿌리치지 못해 스스로 삶을 옭아매는 것은 예수님의 귀한 보혈을 우리가 얼마나 가볍게 여기는 지 적나라하게 보여주는 것이다.

> "빚은 노예의 사슬과 같다. 빚이 없으면 우리 삶은 훨씬 더 자유로울 수 있다. 자유로운 삶은 행복의 중요한 전제 조건이다."
> -테리 햄프턴Terry Hampton

물론 살다 보면 피치 못한 사정으로 대출을 얻거나 빚을 지는 경우도 있다. 예기치 못한 사고나 질병에 걸려 병원비를 마련하거나 자녀의 대학 학자금으로 대출을 얻어야 하는 다급한 형편을 모르는 바는 아니다. 그렇지만 평소에 빚에 대한 단호한 태도를 가졌다면 충분한 시간이 있을 때에 미래를 보며 준비할 수 있었겠지만, 재정위험에 대한 지식이 없거나 방탕한 삶은 충분히 예견할 수 있는 사건조차도 대비하지 못하고 있다가 참담한 현실을 맞이하게 된다.

빚을 지는 원인은 무엇인가?

"외상이면 사돈집 소도 잡아먹는다"라는 속담이 있듯이, 돈이 없어도 상품을 구입할 수 있는 기회가 오면 앞뒤 생각하지 않고 저지르고 보는 것이 조상 때부터 내려오는 우리네 습성인가 보다. 이 속담에서는 미래의 수입을 저당 잡히고 외상으로라도 사서 하루빨리 즐기고 싶은 사람들의 마음을 잘 보여주고 있다.

그러나 예전에 외상으로 구입한 상품들은 가을에 추수를 하고 나서 갚으면 되는 게 우리네의 아름다운 미덕이었다. 추수철이 오기 전에는 갚으라고 채근하며 독촉도 하지 않았고, 설령 갚지 못한다 하더라도 형편이 어려워서 그랬겠지라고 여기며 갚지 못한 자들의 형편을 이해하려고 애썼다. 하지만 너그러운 미풍양속은 우리네 곁에서 사라진 지 오래다.

지금은 갚지 못하면 하루하루 엄청난 연체이자가 붙는 것은 기본이며, 집을 경매에 팔아넘기고 그것도 모자라면 밤낮으로 독촉을 해서라도 받아내고야 만다. 금융기관마다 채권 추심을 전담하는 조직이 생기고, 냉혈한의 철면피로 잔혹하게 받아내는 이들은 고소득의 전문가로 우대하고 있다. 거꾸로 빚진 자들은 다 갚을 때까지 평안한 인생을 잃어버리고 고통의 수렁에서 허우적거리며 살아갈 뿐이다.

신용카드는 빚의 시작이다

신용카드는 그 해악이 잘 알려져 있지 않다. 그도 그럴 것이 신용카드는 자본주의의 중심인 금융기관의 주요한 상품이고 소비를 촉진하는 데 없어서는 안 될 귀중한 보물로 여겨지기 때문이다. 신용카드가 없다면 현재의 소비량의 30% 이상이 줄어들 것이 뻔하며, 각 금융기관마다 신용카드를 통해 돈을 빌려주고 받는 이자수입이 엄청나기에 이를 상상할 수 없다.

신용카드의 가장 나쁜 점은 돈이 없어도 소비를 할 수 있다는 점이다. 즉, 다른 사람에게 돈을 빌리지 않아도 물건을 외상으로 구입할 수 있기 때문에 충동구매를 일으키고 과소비의 주범이 된다. 특히 신용카드는 각종 매체를 통한 공격적인 광고를 통해 현대인에게 필수적인 수단임을 끊임없이 주입시키고, 가맹점에게 비용을 전가하는 할인혜택과 겉포장만 그럴듯한 경품을 통해 사행심을 불러 일으켜 지혜로운 소비에 대한 분별력이 없는 이들을 현혹시킨다.

정부도 새는 세금을 잡기 위해서 소득공제라는 당근을 내걸고 카드소비를 촉진하고 있다. 유리지갑이라고 불리는 일반 직장인이나 공무원이라면 무시하지 못할 혜택이겠지만, 예전에 비해 대폭 줄은 소득공제 혜택보다는 충동구매나 과소비로 나가는 금액이 훨씬 크다. 그래도 직장인들은 소득공제 때문에 사용해야 한다고 주장하지만, 소득공제와는 별 상관없는 자영업자나 일반인들은 무엇 때문에 신용카드를 보물처럼 여기는지 알 수 없다.

신용카드는 빚을 지는 데 대한 죄책감을 없애고 마치 위험이 없는 부채인양 선전해 소비자의 경계심을 허물어뜨린다. 그런 광고에 세뇌된 소비자들은 저축할 생각을 하지 않고 수입이 생기는 족족 다 써버려, 해고를 당해 수입이 없거나 큰돈이 들어갈 사건을 당하면 막장 인생이 되어 거리로 내몰리게 된다.

해결책은 간단하다. 신용카드를 부러뜨리고 현금으로 사는 것이다. 물론 그동안 쏠쏠하게 여기던 각종 혜택을 버리는 것이 아쉽겠지만, 신용카드 회사는 자선단체가 아니다. 아무리 혜택이 크더라도 현금이 아니라, 신용카드가 있기 때문에 과다하게 사용한 지출에 비하면 아무것도 아니다. 평생 신용카드 회사에 매출을 올려주다가 자신은 정작 가난하고 초라한 노후를 맞이한다면 그보다 미련한 짓은 없을 것이다.

은행 빚으로 이루는 내 집 마련

우리나라 국민이 빚을 지는 가장 큰 원인은 주택마련으로 64%의 압도적인 비중을 차지하고 있다. 즉, 집을 산다면 대부분 금융기관의 대출을 얻어 구입하게 된다. 특히 부동산 투기바람과 은행들의 영업전략이 맞아떨어지면서 주택담보대출은 은행의 최고 수익상품 중의 하나이다. 그 결과로 각 가정은 수입의 20% 가량을 주택대출을 갚는 원리금상환으로 쓰고 있다. 문제는 빚을 갚는 기간이 10-20년의 장기간이라는 점이다. 빚을 갚는 기간에 해고나 실직으로 직장을 잃거나, 수입이 줄어든다면 집의 소유주가 자신이 아니라 은행임을 깨닫는 사건이 생긴다.

또 다른 문제는 미국의 서브프라임* 사태로 알 수 있듯이, 주택가격이 폭락해서 빈 껍질뿐인 빚만 뎅그러니 남을 위험이 크다는 점이다. 게다가 주택담보대출의 금리는 연 10%로 최근 최고가를 경신하고 있다(한국은행 발표). 이렇게 살다가는 빚을 얻어 집을 산 죄로 평생 은행 빚을 갚다가 죽어야 할지도 모른다.

●서브프라임
2007년에 발생한 서브프라임 모기지 사태는 미국의 TOP 10에 드는 초대형 모기지론 대부업체가 파산하면서 시작된, 미국만이 아닌 국제금융시장에 신용경색을 불러온 연쇄적인 경제위기를 말한다.

그런데도 우리나라 사람들은 많은 빚을 얻어서라도 왜 집을 사려고 하는 것일까? 그 이유는 일찌감치 내 집을 소유한 즐거움을 미리 누리고 싶다는 욕심도 있겠지만, 가장 수익이 높은 재테크라고 믿고 있어서가 아닐까? 우리에게 부동산이 가장 좋은 투자처라는 교훈을 심어준 것은 8,90년대의 고도 성장기를 거치며 부동산 가격도 따라서 올랐기 때문이다.

그렇지만 2000년대로 들어서면서 경제성장률은 둔화되었고 부동산 가격도 탄력을 잃었다. 집값이 급변한 곳은 강남 일부 지역에 불과하다. 또한 집값은 단기간에 크게 오르지만, 장기간에 걸쳐 서서히 하락하기 때문에 하락폭이 사람들의 주의를 환기시키지 못할 따름이다. 게다가 2004년 이후 금리가 상승하면서 주택담보대출금리가 급등하여 부동산투자의 매력이 현저히 줄고 있다.

또한 주택건설 실적도 그동안 꾸준히 지어 공급물량이 수요를 초과하면서 지방의 아파트들은 미분양사태가 일반화되면서 이를 견디지 못한 건설사들이 줄도산을 맞고 있다. 이를 토대로 본다면 예전과 같은 부동산 폭등사태는 일어나기 어렵다. 게다가 투기 목적으로 사두려면 여러 채를 동시에 보유하고 있어야 하는데, 이는 정부의 세금 폭탄으로 현실적이지 못하다. 1가구 2주택은 물론, 살고 있는 집도 3년 이상 거주해야 양도세를 면제해주기 때문에 아파트 재테크는 치밀하게 계획을 세우고 행동에 옮기지 않는다면 돈을 벌기가 어렵다. 자칫 잘못해서 값을 조금 더 준다고 해서 팔았다가 적당한 집을 다시 구입하지 못한다면 후회막급일 것이다.

주택마련의 가장 좋은 방법은 오랫동안 저축하고 준비하여 내 집을 마련하는 것이다. 그동안은 월세나 전셋집을 옮겨 다녀야 하겠지만, 젊은 시절에 부부가 고생한 추억이 없다면 끈끈한 정이 붙지도 않는다. 청약통장을 가지고 장기주택마련 저축에 가입하며 주택금액의 80% 이상이 되었다면, 그때 내 집을 마련할 때라고 생각하여야 한다. 아무리 노력해도 내 집 마련이 어렵다면 장기 전세주택이나 국민임대아파트도 고려해 볼만하다. 장기 전세주택은 주변 전세금 시세의 7,80% 수준이며 입주 시 임대보증금만 내면 최장 20년 동안 장기 거주를 보장하고 있다.

국민임대아파트도 몰라보게 좋아졌다. 보증부 월세로써 입주 시 임대보증금을 내고 거주하면서 매월 임대료를 납부하는 국민임대주택은 2년 단위로 갱신하면서 최장 30년 동안 거주할 수 있다. 물론 30평 이상의 럭셔리한 맨션아파트보다는 못하겠지만, 10-20년 동안 허리가 휘도록 애써 벌은 수입의 20% 이상을 갚아야 하는 "집 가진 거지"로 사는 것보다 낫다. 게다가 어렵게 마련한 집이 폭락해서 빚더미에 나앉아 거리로 내몰리는 사태가 생긴다면, 이보다 더 억울한 일이 또 있을까? 그렇지만 미국을 따라가는 우리가 이런 일이 생기지 말라는 법은 없다. 미국의 서브프라임 사태는 과도한 가계부채에서 출발하였기 때문이다. 욕심을 버리는 일에서부터 평안이 찾아온다는 《성경》의 교훈을 잊어버릴 때 삶의 위기를 맞게 된다.

사교육에 목숨을 거는 한국의 부모들

못 배우고 무식했기에 가난을 대물림해야 했다는 피해의식과 교육을 무엇보다 중시하는 유교문화의 뿌리는 어떤 희생을 감수하고라도 자식만큼은 가르쳐야 한다는 숭고한 사명감이 우리네 부모들의 생활철학이었다.

그래서 자식은 도회지로 유학 보내고 등록금을 낼 때마다 금쪽같은 논밭과 애지중지하던 소를 팔아서 대학을 졸업시켰다. 우리네 부모들의 눈물겨운 희생이 있었기에 우리나라는 조상 대대로 짓누르던 가난을 벗어던지고 세계에서 인정하는 나라로 변했다.

그렇지만 지금은 세상이 변했고 교육환경도 많이 바뀌었다. 대학에 보내기만 하면 번듯한 대기업에 취직하고 고급관료에 오르는 시절은 이미 지나갔다. 고등학교 졸업생 숫자보다 대학입학 정원이 많은 나라로 바뀌어 대학을 진학하는 고교졸업자는 무려 83%에 이르렀다. 10명 중에 8명이 대학을 진학하지만 대학졸업생 중에서 대기업이나 공기업, 교사나 공무원 등 원하는 직장에 들어가는 이들은 5%에 지나지 않는다. 나머지 95%는 보수가 적고 환경이 열악한 중소기업을 택해야 하고, 그도 아니라면 미래가 없는 임시직, 알바, 비정규직을 감수해야 한다. 2,30대의 40%가 계약기간 1년 미만인 임시직과 일용직이다. 그래서 원하는 직장을 얻지 못하는 이들이 점점 늘고 있다.

현재 우리나라는 실업자와 취업준비생과 특별한 이유 없이 그냥 노는 사람을 합친, 소위 '백수'가 305만 명에 달하고 있다(통계청, 2008년). 15세 이상 인구 100명 중 8명이 백수이며 이들 중 상당수가 대학을 나온 고학력 실업자다.

비록 취직을 못하고 막막하게 쉬고 있지만, 그들이 대학을 졸업할 때까지 들어간 교육비는 상상을 초월한다. 교육비 비중은 월평균 소비지출 중 12%로 올라섰다. 그중에서 눈여겨보아야 할 것은 사교육비이다.

매년 초·중·고생에게 들어간 사교육비 총액은 20조 원을 넘어서 공교육비를 초월했고, 가정마다 학생 1인당 평균 사교육비는 22만 원으로 드러났다. 자녀가 2명이라면 44만 원이 들어야 한다(통계청, 2007년). 게다가 대학등록금은 학기당 400만 원 가량으로 도시로 유학을 보낸다면 집세와 도서비, 용돈을 합치면 웬만한 직장인의 월급을 차지한다. 평소에 마련해 두지 않았다면, 빚을 내지 않고는 도저히 감당할 수 없는 금액이다.

그래서 주택구입 시 얻는 빚에 이어 두 번째로 교육비를 위한 학자금대출이 뒤를 잇는다. 우리나라는 자녀를 대학을 보내지 않을 수 없는 사회 환경이지만, 보낸다 할지라도 공부에 재능이 없다면 고학력 실업자를 길러내는 허망한 일이 될 것이다. 뼈아픈 문제는 빚을 얻어 자녀를 과외와 학원을 보내고, 대학등록금을 내고, 남은 가정은 빚의 수렁에 빠져 기약도 없이 허우적거린다는 데 있다.

필자는 10년을 넘게 학원 강사를 경험하여 비교적 학생들을 잘 알고 있다. 평소에 학교공부에 열의가 없는 학생은 학원에 온다고 해도 공부하지 않는다.

엄청난 대학등록금은 대학을 진학할 자녀가 있는 가정에 만만치 않은 골칫거리이기에 형편에 닿는 대로 공부시키는 것이 지혜로운 처사이다. 만약 자녀가 학습 성취도가 뛰어나 명문대학의 유명학과에 들어갈 실력이 된다면, 학자금대출을 감수하고라도 보내야 한다. 졸업하기만 하면 좋은 회사에 취업하거나 고소득의 직업을 갖고 갚을 능력이 출중하기 때문이다.

그러나 자녀가 학습능력이 뛰어나지 않다면 지혜롭게 생각해야 한다. 대학에 진학시키기보다 직업이나 취업에 밀접한 학교나 학과에 진학을 권한다. 이 학과는 졸업하자마자 직업을 얻는 자격증을 취득할 수 있게 되어 있다. 비록 학교의 명성은 높지 않더라도 평생 살아가는 직업을 얻는 좋은 선택이 될 것이다.

등록금마련이 어렵다면 학업 중간에 휴학을 하여 단기간 취업을 하거나 알바를 해서 마련하는 것도 좋은 방법이고, 대출금리가 낮은 학자금 대출을 최소한 이용하는 것도 나쁘지 않다. 본인이 취직해서 갚아나가야 한다는 것을 각인시킨다면, 좋은 인생 공부도 될 것이다.

빚을 지지 않는 방법

01 신용카드의 사용을 바로 인식하라.

자본주의의 중심인 금융기관의 주요상품인 신용카드의 가장 나쁜 점은 돈이 없어도 소비를 할 수 있다는 점이다. 또한 위험이 없는 부채인양 선전해 소비자의 경계심을 허물어뜨리기도 한다. 즉, 돈이 없어도 외상으로 구입할 수 있기 때문에 충동구매를 일으키고 과소비의 주범이 된다.

02 집 가진 거지로 살지 마라.

사람들이 빚을 지는 가장 큰 원인은 주택마련으로 64%의 압도적인 비중을 차지하고 있다. 그래서 각 가정은 수입의 20% 가량을 원리금상환으로 지출하고 있다. 이때 해고나 실직으로 수입이 중단되면 어떻게 될까? 가장 안정된 내 집 마련은 장기주택마련 저축에 가입하여 주택금액의 80% 이상이 될 때이다.

03 사교육에 목숨 걸지 마라.

우리나라는 실업자와 취업준비생과 특별한 이유 없이 그냥 노는 사람을 합친, 소위 '백수'가 305만 명에 달하고 있다. 15세 이상 인구 100명 중 8명이 백수이며, 이들 중 상당수가 대학을 나온 고학력 실업자다. 이것을 생각해 볼 때 자녀가 학습능력이 뛰어나지 않다면 대학에 진학시키기보다 직업이나 취업에 밀접한 학교나 학과에 진학하게 하는 것이 좋을 듯하다.

04 | 위험한 돈 관리를 피하라

《성경》에서는 촌철살인寸鐵殺人(남을 감동하게 하거나 남의 약점을 찌를 수 있음을 이르는 말) 같은 한마디의 말로써 어리석은 자들과 지혜로운 자들을 구별하고 있다. 그렇지만 철이 없거나 무지해서 생각 없이 저지른 미련한 행동이 두고두고 뼈아픈 상처가 되어 평생 지긋지긋한 고통을 안겨줄지 상상이나 해보았겠는가?

우리 주변에는 이런 일들이 수없이 존재한다. 그중에서 돈 관리의 위험에 대한 지식과 지혜가 없어 과도한 인생의 등록금을 지불하고 후회하는 사람들이 많다. 그들은 자신의 실패의 고통을 아무에게도 말하지 않고 사라지기에 새롭게 인생을 시작하는 청춘들은 아무것도 모르고 이런 전철을 답습하고 있다. 지혜로운 자는 남의 경험을 자신의 발판으로 삼고 이를 피해서 형통한 길을 가지만, 어리석은 자는 스스로 겪어도 아무런 교훈을 얻지 못한 채 반복하다가 자신의 팔자를 원망하며 인생의 뒤안길로 사라지고 있다(잠 22:3).

무지한 사업의 위험

청운青雲의 뜻을 품고 시작한 사업이든지, 아니면 자의반 타의반으로 회사를 나와 생계를 이을 수단으로 시작한 사업이든지 사업의 세계는 직장과 다르다. 대부분의 사람은 40대에 이르러 명예퇴직금과 집을 저당 잡혀 대출을 얻어 자영업을 시작한다. 이들 업종은 부동산중개소, 치킨집, 피자집, 음식점 등 영세하고 기술이 없는 직종이 대부분이다.

하지만 극심한 불황에 지식과 경험 없이 시작한 사업이 잘될 리 없다. 업계에 수십 년간 종사한 베테랑들도 불황에 힘들어 하는데, 이제 막 사업에 뛰어든 새내기의 결과는 불 보듯 환하다. 결국 빚만 덴그러니 남긴 채 사업을 접게 된다.

"사업은 반드시 성공하지 않으면 안 된다. 실패란 것은 환경도 운도 아니다. 사업 방법이 부적당했기 때문이다."
―마쓰시타Matsushita

사업을 튼튼하게 시작하는 가장 좋은 방법은 지식과 경험을 쌓는 시간을 갖는 것이다. 전 직장에서 일한 일과 관련이 있는 사업이라면 좋은 선택이다. 그렇지 않다면 학원에 다니며 자격증을 따고 무임금 알바를 해서라도 지식과 경험을 쌓아놓아야 실패할 위험이 낮다. 아무나 할 수 있는 사업보다는 특별한 기술이 있거나 자격증을 바탕으로 하는 사업이라면 경쟁이 덜할 것이다.

물론 자격증만 있다고 돈을 버는 것은 아니다. 전문가의 경지에 오르도록 피나는 실력을 쌓는 일도 필요하다. 그리고 영업정책이나 고객 서비스 등 기술 외적인 분야도 익혀야 한다. 물론 탁월한 아이디어로 남들이 모르는 분야에 창의력을 발휘한다면 금상첨화이다. 그러면서 평소에 하나님과 깊은 교제로 지혜와 총명을 받아 사업에 적용하는 것이 아주 중요하다. 충분히 준비가 되었다고 생각될지라도 최소한의 자금으로 시작하는 것이 좋다. 직접 사업을 하다 보면 예기치 못한 악재가 생기고 사업 환경이 악화되는 일이 생긴다. 그런 상황을 버티려면 최소한의 규모로 사업을 시작해야 한다.

그리고 사업을 시작할 때 빚을 얻는 것은 절대 금물이다. 빚이 있다면 어려운 상황을 버텨 나갈 수 없기 때문이다. 어떤 사업이라도 3,4년을 지나야 단골도 생기고 사업이 안정이 된다. 그때까지는 최소한의 인원과 자금으로 버텨야 한다. 이렇게 해서 자신의 분야에 충분한 경험과 지식을 쌓고 달인의 경지에 오른다면 위험을 피하고 경쟁이 덜한 블루오션Blue Ocean(아직 시도된 적이 없는 광범위하고 깊은 잠재력을 가진 시장을 비유하는 표현)을 개척할 능력을 갖게 될 것이다. 그러면 어떤 불황도 문제가 되지 않는다.

그러므로 처음에는 고생과 시련을 맞닥뜨릴 당찬 각오가 필요하고 오래 참음과 절제, 자족의 성품도 갖추어야 한다. 이런 준비와 각오가 없다면 사업은 꿈도 꾸지 마라. 준비 없이 시작한 사업은 불행의 터널로 들어가는 시작이기 때문이다.

무모한 투자의 위험

　50대가 넘은 중년들이 궁핍한 살림으로 고생하는 데는 나름대로 이유가 있다. 그중 가장 큰 이유는 "묻지마 투자"를 하다가 실패하여 전 재산을 잃었기 때문이다. 자본주의 사회에서 투자를 통해 고소득을 올리는 능력은 누구나 갖추어야 하지만, 지식과 경험 없이 무작정 뛰어들었다가 패가망신敗家亡身하는 일이 많다.

　그러나 투자를 강요하고 유혹하는 증권이나 부동산 업계는 나라의 주요한 금융기관으로 막대한 광고비를 쏟아 부으며, 마치 돈을 쓸어 담을 수 있는 일생일대一生一大의 기회가 왔다는 식의 광고를 한다. 게다가 경기활황을 타고 증시가 과열하여 누군가가 순식간에 두세 배로 돈을 벌었다는 소식이 들려오면 사회 주변에서 "묻지마 투자"가 꿈틀거리기 시작한다. 대학생이 휴학해서라도 등록금을 가지고 뛰어

드는가 하면, 계주는 판단능력을 상실하고 곗돈으로 내주어야 하는 돈마저 밀어 넣는다. 일생 최고의 기회라고 느낀 이들은 돈을 출처에 상관없이 최대한 빌려 넣는다.

이렇게 "묻지마 투자"가 여기저기에서 시작되면, 기대한 대로 증시를 부풀린 소위 큰손들과 기관 투자가들은 만족한 미소를 띠고 가득 챙긴 돈 가방을 둘러메고 서서히 빠져나간다. 이윽고 주식이 폭락했다는 소식이 들려오고, 부부 싸움 끝에 이혼하고, 일가족 동반자살을 하며, 집을 나가 노숙자가 되거나 알코올중독자가 되었다는 소식이 잇따르지만, 새로운 뉴스가 아니기에 언론에는 보도조차 되지 않는다. 수십 년 동안 주기적으로 반복되는 사건에 불과하다.

또 시간이 지나 사람들이 불행한 사건을 잊고 기억이 흐릿해질 무렵, 또 다시 증시가 불붙었다는 소식이 들려올 것이다. 주식이 오르거나 내리는 것에 상관없이, 외국인 투자가●와 기관 투자가●들은 언제나 돈을 벌고 개미들은 늘 돈을 잃는다. 소위 큰손들은 거대한 자금과 전문성, 정보수집 능력을 갖추고 있어 아마추어인 개미들과는 이미 게임이 되지 않는다. 마치 어른이 어린아이의 팔을 비트는 격이다. 그렇지만 사람들은 이 사실을 알지 못하고 한여름 밤에 모닥불에 뛰어드는 부나비처럼, 평생 모은 소중한 돈을 일순간에 잃고 절망의 나락에 떨어진다.

●외국인 투자가
주식매매거래 등에 있어 외국인 투자가는 외국의 국적을 보유하고 있는 개인, 외국의 법률에 의해 설립된 법인, 국제기구 및 단체, 외국환관리법상 대외송금을 보장받고자 하는 해외영주권자 등을 말한다.

●기관 투자가
개인 또는 법인들로부터 여유자금을 조성, 이를 주식과 채권에 전문적으로 투자하는 법인 형태의 투자자. 기관투자가는 증권인구의 저변을 확대하는 역할을 하며 주가의 급등락을 막을 수 있기도 하다.

주택과잉공급과 높아진 양도세 때문에 아파트값이 하락세로 돌아섰지만, 예전의 부동산투자는 황금알을 낳는 거위였다. 물론 못 살던 시대에서 선진국으로 들어가는 문턱에서, 돈을 벌어 경제적으로 부유해지면 부동산의 수요는 늘어가고 공급은 한정되어 있어 가격은 오르기 마련이었다.

그러나 우리나라의 경제는 앞으로 더는 7,80년대의 경제부흥은 없을 것이다. 선진국처럼 부자들은 더 큰 부자가 되겠지만, 그 외 사람들은 겨우 먹고사는 서민으로 양분될 것이다. 주머니에 돈이 없다면 아파트나 땅을 살 만한 수요층은 줄어들게 된다. 그래서 그동안 큰돈을 벌어왔던 부동산 중개업자들은 새로운 고객을 찾아 나서야 한다. 그들은 적당한 곳에 토지를 구입해서 많은 광고비를 들여 일확천금의 부를 거머쥘 수 있는 기회라고 속삭인다. 주요일간지에 광고를 도배하다시피 하고, 사람들을 고용해서 온종일 휴대폰에 전화를 걸어댄다. 이때 누군가는 거미줄에 걸려들게 마련이다.

미국의 서브프라임 사태를 불안한 눈초리로 지켜보며 연 10%대를 넘어선 우리나라의 주택대출 금리도 낭떠러지로 차츰차츰 다가서는 느낌이다. 앞으로는 빚을 내어 땅이나 아파트에 투자하는 일은 화약을 지고 불에 뛰어드는 격이 될 것이다. 물론 그 와중에도 돈을 벌고 부를 얻는 사람이 있다. 그들은 변화무쌍한 투자환경을 예측하며 위험을 피할 줄 아는 전문가들이다.

부동산투자로 돈을 벌고 싶다면 10년간 닳은 운동화를 바꿔 신어가며 현장을 뛰어다녀 산지식과 경험을 쌓고 난 다음에 시작하라. 그렇지 않고 옛날처럼 한순간에 떼돈을 벌 수 있을 방법이 부동산투자에 있다는 이들의 말에 솔깃해진다면, 오래지 않아 거미줄에 걸린 한 마리 곤충의 처지가 될 것이다.

고수익과 사행심의 위험

필자는 계契를 하다가 사기를 당하고 막대한 재산을 손해 보았다는 상담을 적지 않게 받았다. 그들은 대부분 같은 교회에서 알고 지낸 사람들이다. 계주는 권사가 많지만 개중에는 대리인을 앞세운 목회자 사모도 있다고 한다. 몇 년 동안 문제없이 잘 되다가도 자금력이 튼튼하다고 알려진 계주가 불황으로 사업이나 투자가 막다른 길에 몰리면 야반도주하는 일이 생기고 계가 깨지는 사고가 발생한다. 그러면 교회 내에 소문이 퍼지고 교인들 간에 시험이 든다. 돈을 돌려받지 못한 교인들은 그동안 잘 지내던 이들과 걸쭉한 욕설에 드잡이(서로 머리나 멱살을 움켜잡고 싸우는 짓)도 마지 않는다. 그들이 교회를 떠나는 것은 시간문제이다.

이렇게 계는 손실보장이 없는 위험한 돈놀이 수단이지만, 은행보다 수익이 높기에 달콤한 유혹을 떨쳐버리지 못한다. 교인들끼리가 아니라 세상 사람들과 어울리는 계도 마찬가지이다. 한순간에 돈을 잃을 수 있는 위험이 있기에 시작도 말아야 한다.

요즈음은 어디서나 컴퓨터 앞에 앉아서 고스톱 게임을 하는 사람들이 많아졌다. 상사가 자리를 비운 직장이나 하염없이 고객을 기다리는 점포에서 쉽게 볼 수 있는 풍경이다. 전에는 남자들만의 소일거리였지만, 지금은 남녀노소를 가리지 않는 국민게임으로 번져버렸다. 문제는 게임이 게임으로 끝나지 않는 유혹이 도사리고 있다는 것이다.

실제로 돈이 들어가지 않는 게임에 입맛을 들인 사람들은 점차 대담해지고 호기심에 들떠 돈이 오가는 불법적인 게임에 차츰차츰 빠져들기 시작한다. 이런 불법게임은 인터넷으로 하지만, 실제 돈을 지불해야 진행이 된다. 고스톱으로 시작된 도박은 어느새 외국에 서버를 두고 있는 인터넷 도박판으로 쉽게 옮겨간다. 이곳은 캠코더로 생중계가 되고 있으며 하룻밤에도 판돈이 수십억을 넘는 곳이 있다고 한다. 여기에 빠져들면 엄청난 돈과 재산을 잃는 것은 시간문제이다. 게다가 정상적인 직장생활을 하지 못해 해고당해 백수가 되며, 사업가라면 일확천금을 얻을 수 있다는 환상에 사업을 내팽개치고 문을 닫는 경우도 허다하다. 더 큰 문제는 사행심에 물들면 정상적이고 건강한 노동을 할 수 없게 된다.

복권도 사행심을 조장하는 데 한몫한다. 1,2만 원을 투자해서 수십억 원을 벌 수 있다는 발상 자체가 황당하지만, 매주 일등 당첨자가 언론에 공개되며 모든 서민의 부러워하는 대상이 된다. 그렇지만 그 확률에 대해서는 아무도 말하지 않는다. 로또복권 일등 당첨의 확률은 800만 분의 1이라고 한다. 대낮에 벼락을 여섯 번 맞을 확률이라고 하니, 거의 일어나지 않는 경우이다.

하지만 사람들은 혹시나 인생이 바뀔지 모른다며 투자하고 있다. 그 돈도 매주 1만 원이라면 1년이면 52만 원이고, 10년이면 520만 원이다. 매년 적금을 부어 만기가 되면 800만 원이 넘는 큰돈이다. 이만한 현금조차 없이 사는 사람이 주변에 많지만, 여전히 복권사업은 불황이 없다. 재미삼아 한다지만 사행심에 물들면 건강한 직업의식이나 정상적인 노동관을 잃게 된다.

하나님은 행운을 앞세워서 사행심을 조장하는 행위를 싫어하신다. 세상에는 공짜가 없다는 것이 세상을 다스리시는 그분의 확고한 원칙이다. 거대한 댐이 무너지는 재앙도 생쥐가 뚫어놓은 작은 구멍에서 시작되는 법이다. 아무리 금액이 적고 무료함을 달래려고 심심풀이로 시작하는 것이라도 하나님이 싫어하시는 행위라면 하지 말아야 한다.

한때 사회문제로 논란을 일으켰던 다단계 사업도 고수익과 사행심의 덫이 철저한 교육시스템과 합법적인 소비활동을 가장하여 은밀하게 숨겨져 있다. 지금은 다단계라는 말보다 네트워크사업이라는 세련된 명칭을 가지고 있지만, 내용은 별 차이가 없다. 다단계사업은 유통기관에 주는 수익마진을 소비자에게 돌려주는 제도로 미국의 암웨이 Amway 회사에서 시작되었다.

우리나라는 법으로 유통마진을 35% 이내로 제한하고 있다. 그래서 자신이 회원에 가입하여 주변 사람들을 회원에 가입시키고 상품을 소비하게 하면 매출액의 35%의 마진을 단계적으로 나누어주게 되므로 많은 회원을 가입시킨 사람은 고수익을 얻을 수 있게 되는 제도이다. 겉으로 보기에는 문제가 없어 보이지만, 현실적으로 많은 문제를 일으키게 되는 것은 사업을 하는 사람들의 불법적인 행위이다. 회원가입을 명목으로 상품구입을 강요하거나 일확천금에 눈이 어두워 생업을 버리고 여기에 몰입하는 것이다.

필자도 이에 관한 상담을 많이 받아보았다. 성경적으로 문제가 없으며 회사의 말대로 과연 좋은 사업이냐는 내용이 대부분이었다. 이 사업은 회원을 교육시켜 소비자와 사업가로 만드는 사업이다. 그렇다면 평소에 자신의 말이라면 따라올 후원자가 많아야 한다. 또한 사교성이 없거나 리더십이 없다면 성공은 불가능하다.

게다가 크리스천들이 교회 내의 교인들에게 회원을 확보하느라 문제가 발생하기도 한다. 적지 않은 크리스천들이 교회에서 활동하면서 하나님의 영광을 가리고 있다. 결국 주변 사람을 이용해서 큰돈을 벌 수 있다는 고수익과 사행심이 어우러진 다단계 사업은, 회사의 말과는 달리 많은 후유증만 남기고 실패하고 만다. 하나님은 정직한 노동과 건강한 직업을 통해 일용할 양식을 공급하신다는 것을 잊지 말아야 한다.

돈 빌려주기와 빚보증의 위험

아는 사람이 돈을 빌려달라고 하면 크리스천은 일단 난감해한다. 《성경》에서는 겉옷을 빌리는 자에게 속옷까지 주라고 했는데, 이를 거절한다면 하나님의 명령을 위반하는 것이기에 말이다. 그러나 《성경》을 자세히 읽어보면, 구체적인 원칙이 있다. 도울 힘 안에서 힘껏 도와주라는 말이다.

하나님은 구제에 사용하는 돈이 하늘나라 곳간에 쌓여 의로운 열매를 맺을 거라고 말씀하셨다. 비록 이 땅에서 풍족하지 못한 삶이었을지라도 구제를 열심히 했다면 하늘나라에서 영광스런 삶을 살 것이다. 하지만 좋은 뜻으로 돈을 빌려주는 일이라 해도 삶의 평안을 깨고 고통을 주는 원인으로 작용했다면 어리석은 일이다. 그러므로 빌려 준 돈을 돌려받지 못해도 재정에 위험을 가져오지 않을 돈 안에서 빌려주어야 한다.

그렇지만 같은 교인들이라면 돈을 빌려주고 이자를 받는 것을 《성경》에서는 금하고 있다. 그것은 수익을 얻기 위해 다급한 상황을 이용하는 탐욕스런 자의 행위이기 때문이다. 안타깝게도 교회 내에서 이런 일들이 비일비재하다. 하나님의 은혜보다 돈을 더 사랑하기에 벌어지는 일이다. 지금까지 모르고 행한 일이라면 앞으로는 금해야 하며, 알고도 한 일이라면 죄를 자백하고 하지 말아야 한다.

선한 뜻으로 교인들끼리 돈을 빌려주는 경우에도 주의해야 할 일이 있다. 빌려간 사람이 악의적으로 갚으려 하지 않는다면 시험에 빠지는 원인을 제공하기 때문이다. 물론 갚을 것을 약속했더라도 어쩔 수 없이 갚을 수 없는 상황이 생길 수 있다. 그런 경우에는 독촉하기보다 채무자의 재정문제가 풀려 순적하게 갚게 되기를 기도하는 것이 하나님의 뜻이다. 설사 갚지 못하는 상황이 발생하더라도 가난한 이를 도와주는 돈이 되었다고 여긴다면, 하나님이 기뻐하시는 의로운 재물이 될 것이다.

또한 돈을 빌려줄 경우에 아무리 가깝게 지내는 사람일지라도 차용증을 받는 것은 물론이고, 할 수 있다면 공증을 서거나 교회지도자를 통해 증인으로 삼는 것도 지혜로운 행위이다.

타인을 위하여 보증이 되는 자는 손해를 당하여도 보증이 되기를 싫어하는 자는 평안하니라 잠 11:15

빚보증의 위험은 IMF가 터지면서 많은 사람이 그 폐해弊害를 피부로 느끼게 되었다. 우리나라는 혈연 지연 간의 끈끈한 문화를 자랑하며 체면을 중시해서 남의 부탁을 쉽게 거절하지 못하는 민족성을 지니고 있다. 그런 특성을 중시한 금융기관은 돈을 빌려줄 때 다른 사람의 보증을 이용해서 손실에 대비하여 주요한 전략을 삼아왔다. 그렇지만 보증의 심각한 위험을 잘 알지 못한 사람들은 집안의 중요한 재정결정을 배우자와 상의하지도 않고 술좌석에서 흔쾌히 허락해주어 가정의 불화를 키웠다.

보증은 말 그대로 채무자가 빚을 갚지 않는다면 대신해서 빚을 갚아 주겠다고 약속하는 행위이다. 대차대조표에서 보면 보증한 액수는 그대로 빚의 액수와 동일하다. 그렇지만 자신이 직접 빚을 얻지 않아 심각성을 피부로 느끼지 못하고, 보증을 부탁한 친구가 나에게 피해를 주겠느냐는 섣부른 낙천적인 판단은 가정에 엄청난 재앙을 불러일으키곤 하였다.

《성경》에서는 빚에 대해 부정적이듯이 보증에 대해서도 엄격하게 금하고 있다. 다른 사람이 진 빚을 떠맡을 정도로 자신의 삶을 희생해서 그 사람의 후원자가 될 각오가 되어 있다면 할 말이 없다. 하지만 가정은 혼자만 사는 것이 아니다. 부부가 한 몸을 이뤄 구성한 공동체이다. 설령 보증이 필요한 처지라도 부부가 상의하여 결정을 내려야 나중에 심각한 상황에 이를지라도 서로를 원망하지 않게 된다.

요즘은 보증의 폐해를 잘 알아 모두가 꺼리는 바람에 금융기관에서도 보증보험을 이용하는 다른 대안을 제시하기도 한다. 보증을 절대 서지 않는 것이 가장 지혜로운 행위이다. 하지만 부모 형제나 끔찍이 아끼는 친구라면 무조건 거절하기도 어렵다. 그런 경우에는 모든 채무에 대해 무한책임을 지는 것이 아니라, 자신이 감당할 수 있는 한도 내에서 유한책임을 지는 것을 고려해 볼 수도 있다. 그러나 평안한 삶을 위해 자신은 물론이고 남의 빚을 떠맡지 않는 것이 현명한 선택이라고 《성경》에서는 말한다.

돈 관리,
이렇게 위험을 피하자

01 사업에서

사업을 튼튼하게 시작하는 가장 좋은 방법은 지식과 경험을 쌓는 시간을 갖는 것이다. 전 직장에서 일한 일과 관련이 있는 사업이라면 좋은 선택이다. 그리고 사업을 시작할 때 빚을 얻는 것은 절대 금물이다. 빚이 있다면 어려운 상황에 버텨 나갈 수 없기 때문이다.

02 투자에서

마치 돈을 쓸어 담을 수 있는 일생일대의 기회가 왔다는 식의 광고와 경기 활황을 타고 증시가 과열하여 누군가가 순식간에 두세 배로 돈을 벌었다는 소식에 마음을 두지 마라. 그때는 소위 큰손들과 기관 투자가들이 만족한 미소를 띠고 가득 챙긴 돈 가방을 둘러메고 서서히 빠져나가는 때이기 때문이다.

03 고수익과 사행심에서

고수익과 사행심을 가져오는 것은 여러 가지가 있다. 계는 손실보장이 없는 위험한 돈놀이며, 온라인 고스톱 게임은 중독되면 정상적인 직장생활을 하기 어렵게 되기도 하고, 복권이나 다단계도 마음을 흔들고 눈을 멀게 한다.

04 돈 빌려주기와 빚보증에서

교인들끼리 돈을 빌려주고 이자를 받는 것을 《성경》에서는 금하고 있다. 그것은 수익을 얻기 위해 다급한 상황을 이용하는 탐욕스런 자의 행위이기 때문이다. 또한 보증에 대해서도 엄격하게 금하고 있다. 다른 사람이 진 빚을 떠맡을 정도로 자신의 삶을 희생해서 그 사람의 후원자가 될 각오가 되어 있다면 할 말이 없겠지만.

05 │《성경》에서 추천하는 재테크 따라 하기

오늘 아침 신문에도 어김없이 재테크에 관련된 기사가 헤드라인 Headline을 장식했다. 개미들의 투자가 반 토막이 났고, 믿었던 중국이나 베트남 등의 해외펀드*가 최악의 투자로 결론이 났다는 기사였다. 그동안 중국을 비롯한 동남아의 주식시장이 황금알을 낳는다고 했던 증권회사와 각종 언론은 벌써 꼬리를 감춘 지 오래다. 그리고 언제 그랬느냐면서 새로운 펀드를 출시하여 장밋빛 제안을 하기 시작한다.

●해외투자펀드
국내운용사가 국내 자금을 모아 외국에 투자하는 펀드로 비과세 혜택이 주어진다.

수많은 사람이 주식이나 부동산투자에 실패해서 많은 빚을 지고 남은 인생을 그늘에 숨어 절망과 한숨 속에서 살아가기도 하고, 잦은 부부싸움 끝에 이혼하여 가족들은 뿔뿔이 흩어지기도 한다. 그래서 어떤 목회자들은 주식투자는 사탄의 방법이며, 부동산투자는 구약의 율법을 근거로 성경적이지 않다고 말한다.

그렇지만 구체적인 대안을 제시해 주지 않기에 대다수의 크리스천은 세상 풍조와 인간적인 지혜를 좇아 투자의 길로 나선다. 그것도 아니라면 세상의 것들을 증오하며 금욕적인 삶만이 최고의 덕목으로 여긴다. 돈은 하나님이 싫어하시는 것이며 거룩한 교회에서 입에 담지 못할 가증한 것들로 여기면서 말이다.

그러나 크리스천들은 이런 삶의 방식을 따르지 못한다. 그래서 이런 분위기를 입증하듯, 사람들은 교회에서 영혼이 잘 되는 법을 배우고 세상에 나가면 부자가 되는 법을 따른다.

그러면 하나님이 기뻐하시는 재테크가 과연 《성경》에 존재할까? 《성경》에는 돈과 그 책임에 대한 구절이 2,300여 구절이며, 예수님은 38가지 비유 중에 16가지로 돈을 들어 가르치셨다. 우리가 지금까지 모르고 있는 것은 하나님의 뜻을 알고자 노력하지 않았기 때문이다. 당연히 재테크에 대한 하나님의 뜻도 잘 살펴보면 어렵지 않게 찾을 수 있다.

《성경》에서 말하는 최고의 재테크 능력

《성경》을 아무리 뒤져봐도 부자가 되는 비결이 기록된 곳은 없다. 그것은 부자가 천국에 들어가는 것이 낙타가 바늘귀로 들어가는 것보다 더 어렵다(마 19:23-24)고 했기 때문이 아닐까. 또한 부자의 공통

된 성품인 돈을 사랑하는 마음조차 모든 악의 뿌리가 된다고 한 것도 걸림돌이 되기는 마찬가지이다. 그래서 대안으로 찾는 것이 정성으로 하나님에게 예배하고 희생적으로 헌금을 드리며 금식기도에 매달린다.

하지만 하나님은 희생적인 행위나 엄청난 재물에 감동하시는 기복신앙의 잡신이 아니다. 마음의 동기와 태도를 보시는 하나님이 겉으로 드러난 행위만을 보고 후한 점수를 주시지는 않는다. 그렇다면 기독교는 다른 종교처럼 돈을 돌 보듯 하고 세상과 동떨어진 금욕적인 종교인가? 물론 그렇지 않다. 하나님은 예수님을 통하여 사람의 몸을 입고 세상에 직접 내려오신 분이다. 재물에 마음이 가 있는 우리를 누구보다 잘 아는 분이시며, 세상의 삶에 필요한 일용할 양식의 필요성을 잘 알아서 기도 요청에 꼭 넣으라고 가르치신 분이다. 그리고 우리가 이 세상을 살아가는 동안 필요한 재물을 어떻게 모으고 쌓아두어야 하는지, 《성경》 곳곳에서 자세히 말씀해 주셨다. 우리가 탐욕과 조급함으로 다급하게 찾기 때문에 보이지 않을 뿐이다.

저축은 재테크의 동력이다

사람들이 재테크를 하는 목적은 무엇인가? 각종 지폐를 취미삼아 앨범에 끼워두고 두고두고 바라보려는 수집가는 없다. 더 넓은 집으로 옮기고 싶거나, 자식에게 충분히 물려주고, 노후에 안락하게 살고 싶어서이다. 그래서 누구나 탁월한 재테크 능력을 갖추기를 원한다.

그러나 주변을 둘러보라. 예전에 고도의 경제개발을 힘입어 부동산 가격이 자고 나면 올랐던 때를 제외하고는 땅만 사두면 부자가 되는 시대는 이미 지났다. 즉, 부동산 불패 신화가 사라졌다고 안타까워한다. 그래서 주식이나 부동산투자를 한 사람들 중에 장기적으로 돈을 버는 사람들을 보기 어렵다. 한때는 호의적인 투자환경에 힘입어 돈을 벌었더라도 꾸준하게 이를 지속하기는 어렵다. 그래서 아무리 베테랑이라 할지라도 오래 하면 할수록 원금을 잃고 그만두는 경우도 허다하다.

재테크 능력은 주식이나 부동산에 탁월한 투자능력을 갖추고 있어 손대는 것마다 고수익을 올리는 것만을 뜻하지 않는다. 진정한 재테크 능력은 단기간에 고수익을 올리기보다 평생 원금을 잃지 않고 고수익은 아니더라도 꾸준한 수익을 올리는 것이다. 그 능력은 재테크의 기본기를 갖추는 데 있다.

《성경》에서는 그 기본기를 저축하는 능력에 두고 있다. 이 저축하는 능력은 투자의 종자돈을 만드는 과정뿐 아니라, 저축하면서 미래의 재정계획을 세우고 지출을 통제하면서 절제와 자족의 능력을 갖추는 것을 말한다. 그러면서 저축하는 오랜 시간 동안 투자에 대한 지식과 경험을 쌓아가며 유혹의 함정에 빠지지 않는 건전한 투자능력을 갖추어 갈 수 있다. 그러나 이 기본기를 몰라 돈이 모이면 탐욕과 조급함으로 고수익을 노리다 소중한 원금을 잃는 경우가 많다. 그래서 개미에게서 투자의 기본기를 배워야 한다.

> 게으른 자여 개미에게 가서 그가 하는 것을 보고 지혜를 얻으라 개미는
> 두령도 없고 감독자도 없고 통치자도 없으되 먹을 것을 여름 동안에 예
> 비하며 추수 때에 양식을 모으느니라 잠 6:6-8

개미의 특징은 탁월한 성실함을 들 수 있다. 개미는 눈이 오나 비가 오나 정직한 노동을 통해 얻은 소득을 창고에 쌓는다. 사람도 노동력이 있는 한, 꾸준히 일을 해서 소득을 얻고 먹고 남은 것을 쌓아둔다면 평생 돈 걱정 하지 않고 살게 될 것이다. 그리고 중요한 것은 초심을 잃지 않는 것과 탐욕과 게으름에 빠지지 않아야 한다. 탐욕과 게으름은 재앙을 가져오기 때문이다.

위험을 피하는 지혜를 갖추라

사반은 바위 사이에 굴을 파고 사는 바위너구리를 말하며, 시리아 토끼라고도 한다. 귀가 조금 작다는 것을 제외하고는 토끼와 비슷하기 때문이다. 그들은 특별한 방어무기가 없기에 포식자들의 표적이 된다. 그래서 그들은 험난한 바위틈에 살면서 포식자들이 공격하면 쏜살처럼 바위틈에 파놓은 굴로 몸을 피한다. 이런 면에서 지혜롭다는 말을 듣는다(잠 30:24, 26).

연약하고 힘없는 짐승도 위험을 피하는 지혜를 가졌다면 위험한 세상에서 안전하게 살아가지만, 만물의 영장이라고 자처하는 인간일지라도 위험을 적절히 대처하지 않는다면 낭패를 당하기 쉽다.

슬기로운 자는 재앙을 보면 숨어 피하여도 어리석은 자들은 나가다가 해를 받느니라 잠 22:3

이 말씀은 지혜로운 사람은 위험을 보면 피하지만, 어리석은 사람은 피하지 않고 있다가 피해를 당한다는 것이다.

투자의 세계에도 이와 같은 일은 비일비재하다. 적지 않은 사람들의 투자의 입문은 주변 사람들이 하는 것을 보고 동참하거나, 주식이나 부동산 시장의 활황기를 보고 자신도 탐욕을 채우려고 시작한다. 그것도 아니라면 일확천금을 얻을 좋은 기회가 있다는 말에 귀가 솔깃해서 투자하기도 한다. 그들은 여윳돈이나 투자에 대한 아무런 지식과 경험도 없이 달려든다.

이런 사람들은 수익에 대한 기대는 가득 차 있겠지만, 투자 원금을 잃는 위험에 대한 정보와 지식이 없기에 대부분 큰 손해를 보게 된다. 잃은 돈에 대한 아쉬움과 미련을 버리지 못해 급전을 빌려 투자하기도 한다. 하지만 결국 그들은 빚의 구렁텅이에 빠지고 만다.

투자분야는 컴퓨터 고스톱 같은 게임이 아니다. 가진 돈을 다 잃더라도 가상의 숫자에 불과하므로 아쉬울 것도 없으며, 다음날이면 다시 게임을 하라며 자동적으로 채워주지도 않는다. 오랫동안 꾸준히 저축을 하며 종자돈을 모은 사람이라면, 목돈이 생기면 어떻게 투자할 것에 대한 지식과 경험을 틈틈이 쌓게 마련이다.

그러므로 실전투자에 앞서 가장 중요한 것은 마음을 다스리는 법이다. 탐욕과 조급함을 다스리며 절제와 오래 참음의 성품을 갖지 못하면 아무리 좋은 투자전략과 종목도 무용지물이다. 주식이 반 토막이 나고 곤두박질칠지라도 깨끗이 잊고 후일을 기약하거나, 자신이 정한 수익목표에 도달했다면 아무리 시장이 활황이라도 미련을 버리고 처분할 수 있는 단단한 마음을 다스리는 법을 배워야 한다. 투자에 필요한 성품이 훈련된다면 관심을 보이는 투자분야에 대한 책을 읽고 신문의 정보를 스크랩하며 지식을 쌓거나, 때로는 투자의 고수들을 찾아다니며 그들의 교훈을 귀 기울여 배워야 할 것이다.

일곱에게나 여덟에게 나눠줄지어다 무슨 재앙이 땅에 임할는지 네가 알

지 못함이니라 전 11:2

필자는 수천 년 전에 기록된 《성경》에서 투자의 세계에서 말하는
포트폴리오의 원칙을 소개했다는 것에 경악을 금치 못했다. 그것은
분산투자Diversified Investment•이다. 투자에 대한 정석까지 《성경》에서
언급했다는 것도 놀랍거니와 현대투자의 최고전략으로 일컬어지는
원칙이 그 옛날 《성경》에 기록되어 있다는 것은 하나님의 지혜가 아
니고서는 도저히 설명할 수가 없다.

투자의 기본적인 원칙은 고수익을 노리는 것
이 아니라 투자분야나 종목을 분산해서 최대한
위험을 피하는 것이다. 아무리 치밀한 전략과 탁
월한 능력으로 투자했다 하더라도 미래의 투자
환경이 어떻게 변할지는 아무도 모르는 법이다.
그러므로 불완전한 인간의 지식과 경험을 믿기보다는 위험을 분산시
켜 어떠한 경우가 발생하더라도 손실을 줄이는 것이 현명하다.

●분산투자
증권투자시 투자 위험을 적게 하기
위하여 여러 종목의 증권에 분산하
여 투자함으로써 개개의 위험을 서
로 상쇄·완화하도록 하는 투자방
법이다.

자신만의 전문분야를 만들라

《성경》에는 부자가 적지 않게 등장하지만, 부를 얻는 원칙에 대해
서는 구체적으로 언급하지 않는다. 믿음의 조상 아브라함Abraham을

비롯해서 그의 자손인 이삭Isaac이나 야곱Jacob, 후에 이스라엘 열두 지파Twelve Tribes를 이룬 족장들은 엄청난 가축과 재산을 거느린 거부였다. 《성경》에는 그들이 부자가 된 것은 하나님의 은혜와 도우심으로 이룬 것이라고 두루뭉술하게 알려져 있을 뿐이다.

> 솔로몬의 세입금의 무게가 금 육백육십육 달란트요 그 외에 또 상인들과
> 무역하는 객상과 아라비아의 모든 왕들과 나라의 고관들에게서도 가져
> 온지라 왕상 10:14-15

솔로몬Solomon은 지혜의 대명사로도 널리 알려져 있지만, 막대한 부와 명예로도 타의 추종을 받는 인물이다. 그의 지혜는 잘 알려진 바로, 일천번제를 드리고 꿈에 나타난 하나님을 감동시켜 얻게 되었지만 엄청난 재물도 덤으로 받았다(왕상 3:3-13).

그렇다면 솔로몬은 어떻게 부자가 되었을까? 금쪽같은 석유가 물같이 솟아나는 중동의 석유 부국처럼, 하나님이 금광을 발견케 하듯이 기적적인 방법으로 억만장자가 되게 하셨을까?

《성경》에서는 솔로몬의 수입이 그가 병사로 하여금 무역상들을 도적으로부터 지켜주는 대가로 거둔 막대한 세금이라고 말한다. 물론 권력을 가진 왕이었으므로 백성으로부터 공세를 받고 지방의 관리나 지방상인들, 아랍 봉신封臣(봉건사회에서 주군에게 군사적인 봉사와 충성을 서약하고 그 대가로 봉토를 받던 제후〈諸侯〉·배신〈陪臣〉·가신〈家臣〉)으로부터 조공을 받기도 했을 것이다. 게다가 그는 군사력을 바탕으로 다양한 무역로를

개척하고 무역선을 건조하여 직접 외국에서 금과 귀중품을 실어오기도 하였다(왕상 10:22).

즉, 솔로몬이 억만장자가 된 것은 하나님이 기적적으로 부자 되게 해주신 것이 아니라, 자신이 가진 능력과 지혜를 이용하여 부를 극대화한 것이다. 막강한 군사력을 가진 왕이었으므로 무역상들을 보호해줌으로 세금을 받았거나 스스로 무역을 통하여 또 다른 부를 쌓은 것은 다른 왕들이 통상하지 않았던 일들이다. 다른 왕들은 전쟁에서 승리하여 전리품을 획득하거나 지방정부의 관리나 국민에게 세금을 걷는 일이 고작이었다. 그러나 솔로몬은 자신이 가진 능력을 계발하고 극대화하여 역사상 전무후무한 부를 거머쥘 수 있었다.

누가 현숙한 여인을 찾아 얻겠느냐 그의 값은 진주보다 더 하니라 … 그
는 베로 옷을 지어 팔며 띠를 만들어 상인들에게 맡기며 능력과 존귀로
옷을 삼고 후일을 웃으며 잠 31:10-25

현숙한 여인Noble Character(NIV)으로, 잠언의 마지막 장을 장식하는
주인공은 현대를 사는 우리에게 올바른 재테크와 노동관을 시사해
주는 바가 크다. 그녀는 남녀의 차별이 극심하던 시대에 여자로서, 아
내로서, 주부로서 어떻게 부를 모으고 사용해야 하는 지의 모범을
보여주고 있다. 상속받은 재산이 없다면 남자도 부를 유지하기 어려
운 시절에, 이 여인은 특유의 부지런함을 이용하여 여종을 포함한 가
족들과 함께 자신이 할 수 있는 환경을 철저하게 활용하여 부를 축
적한다.

그녀는 여자들의 주요한 생산품인 양식이나 의복을 이용하여 종
자돈을 만들었다. 이 종자돈으로 무역하여 부를 배가시켰다. 제법 목
돈이 만들어지자 다른 투자분야로 확대하여 포도밭을 사들여 부를
확대 재생산하였다. 또한 그녀는 여종들에게 일을 나누어주고 분업
화하여 효율화를 꾀하며 수익을 나누어 가졌다. 요즈음으로 말하자
면 자수성가한 당찬 여성 CEO를 보는 듯하다.

그녀가 성공적으로 부를 축적할 수 있었던 이유는, 자신이 잘 아
는 분야를 시작으로 전문화하여 미지의 위험을 최소한으로 피했기
때문이다. 자신의 분야에 어느 정도 지식과 경험이 쌓이자 기존사업

을 바탕으로 다른 분야에 진출하므로 누구보다 안정되고 건실한 사업을 이루어냈다. 물론 적지 않은 시간과 노력이 필요했을 것이다. 그렇지만 자신의 전문분야를 개발해서 달인의 경지에 오르므로 실패를 최소화하고 수익을 극대화시켰던 것이다. 우리가 배우고 따라야 할 재테크의 모범을 보여주는 좋은 예이다.

직장에 다니거나 사업을 하면서 틈틈이 지식과 경험을 쌓아서 또 다른 재테크 분야에 일가견을 이룬 사람들도 있다. 그들은 많은 시간 노력을 했을 것이다. 많은 사람이 재테크에 뛰어들지만 성공하지 못하는 이유는, 전문가의 식견이 없음에도 불구하고 너무 경솔히 위험한 투자에 뛰어드는 데 있다. 아마추어라면 수익성은 적지만, 위험이 적은 분야나 종목에 투자해서 자신의 능력에 맞는 투자를 해야 한다. 자신에게 맞는 수준의 투자를 하는 사람이라면 이미 전문가의 길로 접어들고 있다는 반증이기도 하다.

재테크의 분야는 주식이나 부동산만을 뜻하는 것은 아니다. 임대주택이나 경매, 채권할인 등을 포함한 다양한 분야도 있다. 그렇지만 재테크에 대한 재능도 없고 관심도 없다면 자신이 현재 하고 있는 분야나 직업을 더욱 개발하고 발전시켜 전문적인 능력을 쌓아나가 달인의 경지에 도달한다면, 최고의 수입을 얻는 재원이 될 것이다.

재테크는 수많은 사람이 하지만 돈을 버는 사람은 많지 않다. 재능도 없는데다가 지식과 경험을 쌓아 전문가의 경지에 달하는 긴 시간이나 노력이 만만치 않아서 일 것이다. 그러므로 남들이 장에 간다

고 생각 없이 나서지 말고 자신만의 고유한 분야를 더욱 발전시켜 고
수익을 얻는 분야로 키우는 것이야말로 하나님이 권장하시며 현숙한
여인의 지혜를 얻는 방법이 될 것이다.

성경에서 추천하는 재테크

01 저축은 재테크의 동력이다.

진정한 재테크의 능력은 단기간에 고수익을 올리기보다 평생 원금을 잃지 않고 고수익은 아니더라도 꾸준한 수익을 올리는 것이다. 그 능력은 재테크의 기본기를 갖추는 데 있다. 《성경》에서는 그 기본기를 저축에 두고 있다. 이 저축하는 능력은 투자의 종자돈을 만드는 과정뿐 아니라, 저축하면서 미래의 재정계획을 세우고 지출을 통제하면서 절제와 자족의 능력을 갖추는 것을 말한다(잠 6:6-8).

02 위험을 피하는 지혜, 분산투자의 원칙

투자의 기본적인 원칙으로 하나님은 《성경》에 분산투자를 기록해 두셨다(전 11:2). 아무리 치밀한 전략과 탁월한 능력으로 투자했다 하더라도 미래의 투자환경이 어떻게 변할지는 아무도 모른다. 그러므로 불완전한 인간의 지식과 경험을 믿기보다는 위험을 분산시켜 어떠한 경우가 발생하더라도 손실을 줄이는 것이 현명하다.

03 자신만의 전문분야를 만들어라.

솔로몬은 어떻게 부자가 되었을까? 하나님이 그에게 기적적인 방법으로 부자 되게 해주신 것이 아니라, 그가 가진 능력과 지혜를 이용하여 부를 극대화한 것이다. 다른 왕들은 전쟁에서 승리하여 전리품을 획득하거나 국민에게 세금을 걷는 일이 고작이었지만, 솔로몬은 무역상들을 보호해줌으로 세금을 받기도 했고, 스스로 무역을 통하여 또 다른 부를 쌓았다.

06 │ 돈 관리, 부부간의 금실이 필요하다

《성경》에서는 남녀가 결혼해서 부부가 되면 한몸이 되었다고 말한다(막 10:6-8). 생물학적으로 몸은 따로 떨어져 있으나 정신적으로 육체적으로 합체가 된 몸이라는 것을 뜻한다. 그러므로 한 가정을 이루고 살면 모든 일에 한 사람이 하는 것처럼 마음을 합해야 한다.

부부가 한마음이 되었다는 것을 알 수 있는 것은 재물의 사용을 보면 쉽게 알 수 있다. 아무리 귀중히 여기는 재물이라도 부부가 공동으로 소유하고 서로 협의하여 소비하고 지출한다면 한몸이 된 부부라고 할 수 있다. 하지만 남편이 벌어온 돈이라고 아내와 상의 없이 자기 마음대로 사용하거나, 아내도 결혼 전에 형성한 재산이라고 자신의 소유를 주장한다면 호적상으로는 부부일지라도 마음까지 통하는 부부는 아니다. 돈 관리에 있어서도 부부가 마음을 합하여 계획을 세우고 실행하는 모습을 보여야 진정한 부부라고 말할 수 있다.

행복한 가정을 위태롭게 하는 돈 관리의 모습

곱게 키운 딸을 시집보내면서 중요한 돈 관리의 교육을 제대로 시키는 집은 흔치않다. 새 며느리를 맞아들이면서 신랑이 되는 아들에게 재정 관리의 원칙을 가르치는 부모의 모습도 보기 어렵다. 목숨 다음으로 소중히 여기지만 정작 돈에 대한 가르침이 없는 가정은 위태로울 수밖에 없다. 그 이유는 재물을 돌보듯 하라던 유교 시대의 가르침이 우리네 삶에 뿌리를 내려서 일 것이다.

그 반면에 어려서부터 돈 관리를 철저히 시키는 유대인들은 세계 최고의 거부가 되었고, 그들이 이민 가서 자리를 잡은 미국은 세계 최고의 막강한 부자나라가 되었다. 지금이라도 가정에서의 잘못된 돈 관리의 모습을 깨닫고 돌이킨다면 평안한 가정을 이루겠지만, 그렇지 못하다면 결혼생활은 또 다른 지옥을 경험하게 될 것이다.

부부가 각자의 통장을 소유하고 관리하는 가정

부부가 결혼하여 자녀를 낳았다면 부부 공동의 자녀이다. 어느 한쪽의 자녀라고 주장한다면 미친 사람 취급을 받을 것이다. 가정을 지탱케 하는 돈도 마찬가지이다. 일반적인 가정에서는 남편이 밖에서 일해 생활비를 벌어오고, 아내는 전업주부로서 집안일을 하고 자녀를 기르는 일을 도맡아 하고 있다. 이때 남편이 일해 가정에 가져온

소득은 가정에 필요한 곳에 지출하고, 남은 돈을 저축하여 미래를 대비해야 한다.

하지만 남편이 벌어온 수입이라고 해서 아내에게는 그 수입을 가르쳐주지 않고 다만 조목조목 필요한 항목의 생활비만을 지급하고 지출된 품목의 영수증을 첨부하여 확인하는 가정이 있다면, 회사인지 가정인지 구분하기 어려울 것이다. 아내가 비록 밖에서 소득을 벌어오지는 않더라도 전업주부로서 가사노동을 통해 자신의 임무를 하고 있기 때문에 비록 남편이 벌어온 수입이라도 같이 공유하며 지출할 권리를 갖게 된다. 그러므로 부부가 함께 계획을 세우고 지출하는 모든 일에 정보를 공유하고 상의하여야 한다.

지금은 세상이 변해 부부가 함께 맞벌이를 하는 가정이 일반화되어 가고 있다. 그래서 그런지 부부가 함께 돈 관리하는 모습도 보기 어렵다. 금실이 좋은 부부라도 각자 비자금을 숨겨두고 배우자 몰래 사용하고 있다. 또한 남편이 시부모와 친정부모에게 드리는 용돈을 차별한다든지, 따로 자신만의 용돈을 챙겨 풍족하게 사용하는 모습을 보인다면, 아내도 자신의 월급을 따로 챙겨서 남편 몰래 백화점에서 값비싼 옷과 구두를 사며 과소비에 치중하는 일이 발생하게 된다.

그뿐만이 아니다. 과소비를 하거나 수입을 절제하지 않고 기분대로 지출하는 배우자가 있는 가정이라면 불안하게 살아갈 수밖에 없다. 그래서 자신도 대책을 세우느라 미래를 위해 돈을 따로 모아두는 경향이 있다. 이런 행위가 한편으로는 이해는 가지만 행복한 가정을 원한다면 바람직하지는 않다. 나중에 이런 행위가 드러나서 추궁을 당한다면 가정불화家庭不和로 번질 위험도 있으며, 자신도 배우자의 잘못된 행위를 책망할 만한 자격도 잃게 되기 때문이다.

가정의 재정 관리를 주도하는 배우자가 누구이든 상관없이 수입과 지출내역은 배우자 모두에게 공개되어야 하며 앞으로의 지출이나 투자 혹은 저축까지도 부부가 협의하여 진행되어야 한다. 그렇지만 대부분의 가정에서는 남편의 수입이 자동으로 급여통장에 입금되게 되면 지출은 아내의 몫이 된다. 아내가 그 돈을 어떻게 관리하고 어느

곳에 지출하는지 관심조차 없거나 모르는 남편이 많다.

후에 남편 몰래 위험한 곳에 투자하여 재산을 다 잃고 나서야 실상이 드러나기도 한다. 이런 일로 인해 부부싸움 끝에 아내가 도망을 가거나 이혼하게 되는 일이 비일비재하다. 아내가 절제하지 못하고 과소비하는 경향이 있다면, 급여통장을 아내에게 전적으로 맡기는 것은 위험하다. 남편이 통장관리를 하며 적정한 규모의 생활비를 주어 지출하게 하고, 큰 액수의 지출은 부부가 상의하여 결정하는 것이 바람직하다.

배우자 몰래 빚보증을 서거나 투자하는 행위

예전에는 배우자 몰래 빚보증을 서서 집안이 발칵 뒤집어지는 일이 적지 않았다. 끈끈한 가족관계를 중시하는 문화와 면전에서 거절하기가 쉽지 않은 우리네 정서와 맞물려서, 어려운 상황을 울며 호소하면 마음이 약해 도장을 찍어주는 일이 많았다.

물론 집에 돌아와서도 아내에게 사실을 말하지 못하고 지내다 급기야 채권자로부터 밤낮없이 전화가 결려오고 밤늦게 낯선 사람이 집을 찾아오면서 그간의 정황이 드러난다. 집을 팔아 친구의 빚을 대신 갚아주는 상황은 엎질러진 물이라 할 수 있지만, 왜 아내에게 한마디 말도 없이 그런 큰일을 저질렀는가가 끝내 돌이킬 수 없는 상처가 되어 가정은 깨지게 된다.

그러나 지금은 보증에 대한 위험이 알려진 관계로 많이 줄어들기는 했지만, 아직도 이런 일이 벌어지곤 한다. 그러므로 가장이 주도권을 쥐고 아내의 의견을 무시하고 집행하던 가부장적家父長的인 폐해는 이제 사라져야 한다. 지금은 가부장제家父長制나 남존여비男尊女卑의 사상이 지배하던 조선시대가 아니다. 함께 사는 배우자와 상의 없이 중대사를 결정하는 일은 행복한 가정의 몰락을 가져오는 원인으로 작용한다.

빚보증의 폐해는 많이 사그라졌지만, 대신 그 자리를 차지한 것이 배우자 몰래 저지른 "묻지마 투자"이다. 필자 역시 이런 상담을 적지 않게 받았다. 언젠가 상담을 신청했던 의사부인은 다단계에 남편 몰래 거금을 밀어 넣었다가 이혼당할 처지에 처했다면서 눈물을 떨어뜨렸다. 이 역시 가정이 어려운 고등학교 동창인 친구가 갑자기 찾아와서 혹할만한 고수익을 약속하며 여러 개의 자회사를 가진 중견투자 회사에 투자하라는 것에 말렸다는 것이다. 그녀는 투자원금을 회수하기 위한 조언을 얻으러 온 것이 아니라, 이 사실을 남편에게 알려야 할지를 상담하러 온 것이다.

이 경우는 아내가 남편 몰래 저지른 투자이지만, 실상은 남편이 아내 몰래 하는 투기가 더 많다. 아내들은 본성적으로 불안하고 위험한 일에 부정적이라, 말해봤자 하지 말라고 하기에 남편은 말하지 않는 경우가 허다하다. 하지만 결과는 마찬가지이다. 비자금으로 주식하다 원금이 반 토막 나면 증권회사에서 빚을 얻거나, 다급하게 다른 친구나 회사동료로부터 빌려대기 시작하면서 일이 불거지게 된다. 아무리 수익성이 좋아 보이는 투자라도 아내와 상의하지 않는다면, 그 가정은 빨간불이 켜졌다고 보아야 한다. 대부분 이런 투자를 하는 남편은 건실한 투자에 대한 지식과 경험 없이 화약을 지고 불에 뛰어드는 소위 묻지마 투기꾼인 경우가 대부분이다.

배우자와 상의 없이 드리는 교회헌금

예전에 어느 목사가 교인들에게 막대한 건축헌금을 요청하면서, 하나님이 꿈에서 직접 교인들에게 세세한 금액까지 알려주었다며 이를 요구했다고 한다. 목사의 이 같은 비성경적인 행태도 기가 찰 노릇이지만, 더욱 말문을 닫을 수밖에 없었던 것은 정작 다른 데 있었다.

어느 집사님은 남편이 교회에 다니지 않아서 교회헌금에 부정적이고, 또한 건축헌금이 수천만 원이어서 남편에게 상의해봐야 할 것 같다고 말했더니, 아브라함도 독자 이삭을 번제로 드리려 할 때 아내인 사라와 상의하지 않았다고 하면서 남편에게는 비밀로 하고 드리라고 요청하였다고 한다.

필자는 이와 유사한 상담을 적잖이 받았다. 믿지 않는 남편이 반대하더라도 하나님의 명령이라며 남편 몰래 십일조를 드리라고 하는 교회도 상당수 있다. 그런데 문제는 나중에 이를 알게 된 남편이 부족한 돈의 출처를 추궁할 것이 두려워 필자에게 상담을 요청한 것이다.

수입의 20% 이상을 헌금으로 드려왔으므로, 잔액이 많이 남아 있어야 할 통장에 돈이 없는 것을 둘러댈 이유가 마땅치 않아 이혼의 빌미가 될까 봐 불안과 두려움으로 잠이 오지 않는다고 한다.

아마 물질을 요청한 목사에게 이 같은 심정을 토로했더라면, 믿음으로 드렸으니 걱정하지 말라면서 하나님이 알아서 잘 인도해주실 것이라는 대답이 돌아올 것이다. 그렇지만 필자는 이런 문제로 소모적인 부부싸움이 끊이지 않고 심지어는 이혼의 위기에 몰린 이들도 만나보았다.

믿음으로 헌금을 드렸는데 하나님은 왜 도와주시지 않는 걸까? 〈말라기〉에서는 축복의 여부를 시험해보라고까지 하셨는데, 왜 이런 실망스런 결과가 일어나는 것일까? 그것은 간단하다. 이 같은 방법으로 헌금을 드리는 것은 하나님의 뜻이 아니기 때문이다. 하나님은 성인이 된 남녀가 부부의 연을 맺고 한몸으로 살 것을 원하셨다. 한몸이 된 부부는 행복한 가정의 중요한 척도인 돈 관리에 있어서도 늘 뜻을 같이 해야 한다.

헌금을 드리는 것에서도 이와 다르지 않다. 배우자의 한쪽이 믿음이 부족하거나 하나님을 믿지 않아서, 십일조나 건축헌금 등과 같은 큰 액수의 헌금에 부정적이라면 이를 비밀로 하고 드리는 것은 가정에 재앙을 불러일으킨다. 그로 인해 믿지 않은 아내나 남편이라면 복음을 전할 기회를 빼앗아 갈 것이며, 신앙의 차이가 있는 부부라면 관계가 더욱 소홀해지게 될 것이다. 비록 이해하지 못하는 배우자라도 그들의 의견을 존중하고 참고 견디면서 감동시킨다면, 언제라도 부부가 힘을 합쳐 흔쾌히 드릴 기회는 얼마든지 있을 것이다.

화목한 가정으로 이끄는 부부간의 돈 관리

화목한 가정으로 이끄는 돈 관리는 《성경》에서 가르쳐준 원칙을 삶에 지혜롭게 적용하는 데 있다. 그중의 으뜸은 서로에게 비밀이 있어서는 안 된다는 것이다. 만약 미래의 배우자가 걱정할까 봐 결혼 전의 빚을 감추고 혼인했다면, 그 가정은 위태로울 수밖에 없다. 서로 사랑한다면 자신의 빚을 터놓고 고민하며 서로 위로하고 용기를 주어 일으켜 세울 때 해결해 나갈 길도 발견할 수 있다.

또한 이 위기를 통해 견고한 사랑으로 맺어지는 기회로 바꿀 수도 있다. 그러므로 가장 중요한 것은 서로에게 한 점이라도 의혹이나 감추는 것이 있어서는 안 된다. 함께 가정을 이루고 공통의 재정목표를 실천하는 과정에서 지출항목이나 금액, 저축이나 투자 상황을 늘 밝히고 상의하는 과정에서 부부가 한몸임을 확인하고 견고한 사랑이 다져지는 것이다. 그러면서 서로 믿고 의지하며 한 평생을 살아갈 수 있는 기반을 마련할 수 있다.

그리고 투명한 재정상황을 공유한다면, 배우자의 어느 한쪽이 잘못된 투기와 유혹에 빠져 위험한 곳에 돈을 집어넣어 낭패에 빠지는 일도 없을 것이다. 부부가 살아가다 보면 좋은 일만 생기는 것은 아니다. 어느 때에는 위태로운 상황에 맞닥뜨릴 때도 있다. 하지만 평소에 투명한 돈 관리를 통해 서로의 믿음을 확인했다면, 어려움도 능히 헤쳐나갈 수 있는 힘을 갖추게 되었을 것이다.

재산을 부부의 공동명의로 하는 것도 지혜로운 방법이다. 이는 배우자의 어느 한쪽이 마음대로 재산을 처분하지 못하게 하는 제도적인 방법이다. 합리적인 사고방식이 우리보다 우세한 서유럽은 이 같은 제도가 일반적이라고 한다. 그렇지만 은근히 가부장적인 흔적이 남아 있는 우리네 가정에서는 남편의 반발을 살 수 있다.

그렇지만 아내를 사랑하고 살고 있는 집을 부부가 함께 땀을 흘려 만든 것이라고 인정한다면 등기부등본에 부부 공동명의로 소유주를 등록하는 것이 당연하다. 그래서 오랜 친분을 앞세워

> "부부가 진정으로 서로 사랑하고 있으면 칼날 폭만큼의 침대에서도 잠 잘 수 있지만, 서로 반목하기 시작하면, 십 미터나 폭이 넓은 침대로도 너무 좁아진다."
> ─탈무드

빚보증을 강요한다든가 고수익을 앞세워 상식을 흔드는 투기세력들의 유혹에도 배우자와 상의해서 결정해야 한다면, 그릇된 결정을 하기가 쉽지 않을 것이고 소중한 재산을 잃어버리지도 않을 것이다.

마지막으로, 가장 중요한 것은 돈보다 사랑이 먼저라는 사실을 늘 잊지 말아야 한다. 어느 날 언론의 주요뉴스에 갓 결혼한 유명연예인이 사업에 실패하면서 막대한 사채에 허덕이다 결국 차 안에서 연탄을 피워놓고 자살한 내용이 보도되었다. 결혼한 지도 얼마 안 되었는

데 전도유망前途有望한 젊은이가 목숨을 버린 것이다. 그의 빚은 수십억 원의 사채였고, 사채업자들의 협박이 그를 죽음으로 내몰고 갔다는 정황을 쉽게 짐작할 수 있었다.

필자는 그 뉴스를 보면서 느낀 것은 아내를 떠나 먼저 갈 정도로 돈이 중요했는가 하는 점이다. 사채업자의 협박이 두렵더라도 도저히 감당할 수 없는 빚이라면 파산을 선고받아 면책받을 수도 있었을 것이다.

그렇지만 아무리 어렵고 힘든 상황이라도 하나님이 살아계신 것을 굳게 믿고 부부가 사랑으로 뭉쳐 있다면 어떤 시련이라도 이겨낼 수 있다. 사랑이 돈보다 우선하기에 자신뿐만 아니라, 사랑하는 이들에게 깊은 상처를 주는 어리석은 결정을 하게 되는 것이다. 예수님은 우리를 사랑하셔서 십자가에서 생살을 찢는 고통을 마다하지 않으셨다. 그런 희생을 본받아 자신의 생명보다 더 아끼는 사랑을 나누어줄 수 있다면, 그 어떤 시련과 어려움에서도 잘 극복하고 이겨낼 수 있을 것이다.

돈 관리,
부부간의 금실

01 부부가 재정 관리에 클리어Clear 해야 한다.

지금은 부부가 함께 맞벌이를 하는 가정이 일반화되어 가고 있다. 그래서 그런지 부부간에 함께 돈 관리하는 모습도 보기 어렵다. 또한 각자가 비자금을 숨겨두고 배우자 몰래 사용하고 있다. 그러나 바람직한 가정을 세우기 위해서는 가정의 재정 관리를 누가 주도하든 상관없이 부부가 재정정보를 함께 공유하고 미래의 계획을 세우며 협의하여 지출해야 한다.

02 배우자 몰래 빚보증과 투자하는 행위를 금해야 한다.

남의 빚보증을 서거나, 아무리 수익성이 좋은 투자라 할지라도 부부가 서로 상의하지 않는다면, 그 가정은 빨간불이 켜진 것이다. 지금은 가부장제나 남존여비의 사상이 지배하던 조선시대가 아니다. 함께 사는 배우자와 상의 없이 중대사를 결정하는 일은 대부분 행복한 가정의 몰락을 가져오는 원인이 된다.

03 화목한 가정으로 이끄는 부부간의 돈 관리의 비결

첫째는 서로에게 비밀이 있어서는 안 된다. 투명한 재정의 공유는 잘못된 투기에 빠져들거나 유혹에 빠지지 않게 한다.
둘째는 재산을 부부의 공동명의로 하는 것도 지혜로운 방법이다. 이것은 그릇된 결정을 방지하거나 소중한 재산을 잃어버리지 않게 한다.
셋째는 돈보다 사랑이 먼저라는 사실을 잊지 말아야 한다. 부부의 사랑은 어떤 시련도 이겨낼 수 있게 하기 때문이다.

"이상은 너의 내면에 존재하고 그 이상에도 도달하는 것을 막는 장애물도 또한 너의 내면에 존재한다.
너는 이상적인 너 자신을 만들어낼 모든 재료를 이미 가지고 있다."

—

토머스 칼라일Thomas Carlyle

미래를 위한
안전한 노후대책

노후대책을 어떻게 준비할 것인가?
지혜롭게 보험에 가입하라
악성부채를 어떻게 갚을 것인가?
자녀에게 남겨주어야 할 유산
삶에 적용해야 할 필수적인 행동원칙

선사시대부터 농사를 지어온 우리네 조상들은 비가 내리지 않을 때를 대비하여 저수지를 만들어 물을 저장하여 가뭄을 준비하였다. 이것은 오랜 경험에서 얻어낸 빛나는 지혜의 산물이다.

이런 일은 우리의 삶에서도 어렵지 않게 볼 수 있다. 살다 보면 예기치 않은 큰돈이 들어갈 때도 있으며, 나이가 들어 늙으면 노동력을 잃고 수입원이 고갈되기 마련이지만 생활비는 여전히 필요하다. 또한 출가한 자녀에게 집 한 칸이라도 마련해 줄 수 있다면, 그들에게 팍팍하고 고단한 삶의 여정에 든든한 원군援軍을 보내준 격이 될 수 있다.

그렇지만 우리는 인생을 멀리 내다보는 혜안慧眼이 부족하다. 그렇기에 하나님은 오래전에 당신의 종인 선지자들을 보내어 평안한 삶을 위한 재정적인 지혜와 처방을 미리 일러주셨다. 이것을 발견하고 삶에 적용해 보라, 놀라운 변화를 자신의 삶에서 발견하게 될 것이다.

01 | 노후대책을 어떻게 준비할 것인가?

　70세를 칭하는 고희古稀는 두보杜甫의 《곡강시曲江詩》에서 따온 것으로 예로부터 드문 나이라는 뜻이다. 옛날에는 환갑還甲만 넘기면 오래 살았다고 잔치를 벌였으니, 70세는 정말 보기 드문 나이였다. 그렇지만 요즈음은 60대는 피부도 팽팽하고 정정하여 중년으로밖에 보이지 않는다. 그래서 경로당에 가면 70대의 나이라도 아이 취급을 한다는 우스개 말도 들린다. 이유는 80대의 고령들이 많을 뿐 아니라 90세가 넘은 이도 적잖다고 한다. 집안에서도 80세가 넘어서야 팔순잔치를 열어 건강과 장수를 축하해 주며 노인대접을 해준다.

　현재 우리나라 사람들의 평균수명은 79.1세로, 경제협력개발기구(OECD) 회원국가 평균 78.9세를 처음으로 앞지른 것으로 나타났다(보건복지부 OECD 건강데이터, 2008년). 우리나라의 평균수명 증가는 소득증가에 따른 생활수준이 향상됐고, 건강에 대한 투자증가와 건강보험 급여 확대 등 의료서비스의 질이 개선됐기 때문으로 분석됐다.

그렇지만 오래 사는 것이 밝은 면만 있는 것은 아니다. 적절한 생계비 없이 살아간다면 그야말로 사는 것이 지옥이기 때문이다. 예전에는 자식들을 많이 낳아 길러 늙어서 노동력이 없어지면 자식들의 봉양을 받는 것이 당연한 모습이었다. 그러나 지금은 핵가족시대로 자식도 많아야 둘이며 한 명만 기르거나 아예 없는 가정도 많다. 그러다 보니 자식에게 기대기가 쉽지만은 않다.

게다가 시부모를 모시기 싫어하는 며느리를 두거나 불황으로 인해 자녀의 재정형편이 어렵다면 늙은 부모를 모시는 것이 뜨거운 감자로 전락하기도 한다. 이를 눈치를 챈 부모들은 일부러 자식을 떠나 살거나 늙어 몸이 불편해도 시골에서 주저앉아 혼자 살기를 원한다. 어디 그뿐일까? 이혼으로 발생한 손자들을 늙은 부모에게 떠넘기고 잠적하는 자녀들도 적지 않다. 늙고 병들어 자신의 몸을 거두는 것도 힘든데 어린 손자, 손녀들의 양육까지 떠맡는다는 것은 세상을 떠나는 날까지 고통의 연속이라는 것을 의미한다. 참 안타까운 일이다.

노후대책의 현실은 어떠한가?

하나님은 《성경》에서 하찮은 미물에 불과한 곤충인 개미를 지혜롭다고 칭찬했다(잠 30:25). 그 이유는 추운 겨울이 닥쳐오면 식량을 찾을 수 없으므로 여름에 열심히 일해 저장하여 양식이 없을 때를 대비하는 지혜를 높이 평가한 것이다. 이처럼 하나님이 지으신 모든 생물은 나름대로 생존하는 법을 깨닫고 살아가기에 선사시대부터 종족을 번식시키며 잘살고 있다.

만물의 영장靈長이라 일컬으며 지혜가 뛰어나다는 사람들조차 이런 곤충에게서 배워야 할 점이 있다. 그중 하나가 노동력이 사라져 생계비를 벌 수 없을 때를 대비하여 젊을 때부터 차근차근 준비하는 것이리라.

노후 생활비

15년(부부 잔여수명) × 103만 원(생계비의 70%) × 12개월 = 1억 8,540만 원

8년(부인 잔여수명) × 74만 원(생계비 의 50%) × 12개월 = 7,104만 원

계 : 2억 5,680만 원

위와 같이 일반적으로 60세에 직장에서 은퇴한다고 가정하면 소득이 없는 노후기간에 필요한 노후대책비는 약 2억 5천만 원이 필요하다. 물론 이것도 풍족한 돈이라기보다 그저 최소한의 생계비에 불과하다. 더욱 풍족한 삶을 원한다면 더 많은 돈이 필요할 것이다.

그렇지만 우리의 현실을 한번 살펴보자. 우리나라 사람들의 은퇴 후 준비는 세계 주요국가 중 가장 부족한 그룹에 속한다. 세계에서 가장 빠른 속도로 고령화 시대가 다가오고 있지만, 은퇴를 대비하여 준비하고 있다고 말한 사람은 44%에 불과했다. 하지만 미국, 중국, 캐

나다는 80-97%가 준비하고 있고, 우리는 일본(32%)과 브라질(44%)과 함께 가장 준비하지 않는 나라에 속한다. 국민연금을 비롯한 노후비용을 준비하는 사람들의 57.5%조차 부족할 것이라고 내다봤다 (조선일보 미래에셋, 은퇴실태조사, 2005년). 조사에 답한 사람들은 60세에 은퇴해서 약 20여 년간 자신에게 필요한 노후비용은 약 4억 원쯤 되어야 한다고 입을 모았다.

우리나라 사람들의 노인인구 증가속도는 세계 최고 수준이지만, 노인을 부양해야 하는 경제활동 인구수는 점점 줄어들고 있다. 이대로 간다면 2020년에 '나홀로' 가족 중 40%가 노인이고, 2050년엔 인구 10명이 노인 7명을 부양해야 하는 시대가 올 것이라고 내다봤다(보건복지부 〈세계인구추세〉 자료, 2005년). 한국보건사회연구원 조사에 의하면 65세 이상 노인의 23.8%만이 노후생활을 준비했다고 밝혔다. 10명 중 8명이 아무런 대비를 못하고 있다. 즉, 우리나라 대부분의 노인은 '준비 안 된 노후'를 맞이하고 있는 셈이다.

어떻게 노후를 준비할 것인가?

사람들이 먹고사는 문제에 걱정하고 염려하고 있는 것에 대해, 목회자의 대부분 메시지에서는 공중을 나는 새조차 먹이시는 하나님을 생각하며 안심하고 위로를 얻으라고 말한다(눅 12:28). 물론 두려워하고 걱정하는 것은 믿음이 없는 행위이다. 그러나 하나님은 생존에 필요한 환경을 마련해주셨을 뿐, 우리가 해야 할 노동까지 대신해주는 분은 아니다. 그래서 새는 하루 종일 먹을 것을 찾아다니는 노동에 충실하다.

노동력이 사라지는 노후에 어떻게 먹고살 것인가 하는 문제는 대부분의 크리스천에게도 예외는 아니다. 그렇다고 걱정하고 염려하는 것은 하나님을 신뢰하는 믿음이 없는 행위이겠지만, 아무런 대책 없이 허공만 바라보고 있는 것도 하나님의 뜻이 아니다. 시간과 능력이 남아있을 때 지혜롭게 준비하는 자만이 평안하고 풍요로운 노후를 누릴 수 있다.

늙어도 일할 수 있는 능력을 갖추라

평균수명이 79세인 현재, 55세에 은퇴하면 무려 24년간의 노후 기간이 남아있게 된다. 55세에 은퇴한다는 것은 사회제도 때문이지 늙어 일할 수 없는 나이 때문이 아니다. 그래서 60세도 안 된 나이부터 일손을 놓고 집을 지키는 것도 고역이지만, 노후대책이 제대로 되어 있지 않았다면 생계비를 벌기 위해 거리로 나와야 하는 게 피부로 느끼는 현실이다.

또한 아직 건강해서 일하는 데 문제가 없다면 노후대책의 준비 여부와는 상관없이 가족이나 사회에 기여하고 성취감을 얻게 될 것이

니 일거양득一擧兩得일 터이다. 그렇지만 문제는 그 나이에 좋은 일자리를 얻기가 쉽지 않다는 것이다. 나이 60세가 넘어도 일할 수 있는 능력을 미리 준비하지 않는다면 젊은이조차 꺼리는 힘든 노동일이나 보수가 낮은 허드렛일만이 기다리고 있을 뿐이다.

그러나 나이와 상관없이 직업을 가질 수 있는 분야는 전문직과 자영업이다. 의사나 변호사는 자신이 그만두고 싶을 때까지 일할 수 있다. 정부에서 보장해주는 전문직을 갖고 있지 않다면, 스스로 지식과 경험을 쌓고 교육훈련에 투자하여 남들이 흉내 낼 수 없는 전문가의 자리에 올라야 한다.

일반적인 사무능력으로는 많은 나이가 부담스러워 오래 가지 못할 것이며, 노동 강도가 높은 일거리도 마찬가지이다. 그러므로 자신만의 특별한 전문능력으로 수입을 창출하는 직업을 준비해야 한다. 그렇지만 그런 직업은 오랜 시간 공부하고 훈련받아야 하며 지식과 경험을 쌓아야 하기에 젊을 때부터 준비해야 한다. 자격증과 기술을 접목시켜 일하면서 실생활에 수요가 많은 분야라면 더욱 좋다. 물론 그런 분야는 찾기가 쉽지 않고 미래의 사업 환경의 변화에 따라 지금과는 많이 달라질지도 모른다. 그렇지만 끊임없이 배우는 자세를 버리지 않는다면 나이는 문제가 되지 않을 것이다.

또 다른 분야는 자영업이다. 자영업은 자신이 곧 사장이므로 건강하다면 언제나 수입을 벌 수 있는 곳이다. 사실 시장이나 시내의 점포를 다녀보면 환갑은 족히 지난 나이에도 불구하고 가게를 지키는 이들을 종종 볼 수 있다.

하지만 젊은 사람들도 자영업에서 적자를 면하기 쉽지 않은 현실에 평안하게 수입을 얻는 일이 노인에게 그리 만만치 않은 일이다. 자영업에서 꾸준하게 매출을 올리려면 젊을 때부터 사업기반을 닦고 고객을 확보하여 관리하고 유지해야 한다. 이런 속에서 어떤 문제나 불황에도 슬기롭게 대처할 수 있고 버텨낼 수 있는 경험과 통찰력을 갖추게 된다.

물론 나이가 많으면 젊은 고객층을 놓치기 쉬우므로 더욱 성실한 자세와 서비스 자세를 갖추어야 한다. 고객을 직접 상대하는 일은 알바생을 따로 두어서 노인에 대한 비호감을 떨쳐버리는 것도 괜찮다. 아니면 실버산업Silver Industry●에 일찌감치 진출하여 노인들이 주로 선호하는 상품과 서비스 분야를 취급하는 것도 좋은 아이디어가 될 것이다. 어차피 미래에는 노인들이 많아지므로 실버산업의 부가가치가 점점 높아질 것이다.

환갑이 넘었다고 무조건 일손을 놓고 자식들에게 기대거나 정부에 도움의 손길을 바라는 것은 좋은 모습이 아니다. 노후준비를 확실하게 해놓았다면 여행 다니며 노후를 즐기겠지만, 그런 처지가 아니라면 늙어도 직업을 놓지 말아야 한다.

늙어도 건강하다면 열심히 일하는 것이 하나님의 뜻이다. 일을 계속하고 있다면 쉬 늙지도 않을 것이고, 건강을 유지하기도 쉽다. 일을 통해 육체적이고 정신적인 건강을 주시는 것이 하나님의 뜻이기 때문이다. 그렇지만 가장 중요한 것은 경제적인 능력을 유지하고 있어야 노후에도 풍요로운 삶을 누릴 수 있다는 혜택이 아닐까?

국민연금을 믿지 마라

은퇴준비 지수는 국민연금, 퇴직금, 저축총액 등 은퇴 후 예상소득을 은퇴 직전 소득으로 나누어 계산한 수치이다. 지수가 높으면 은퇴준비가 잘 되었다는 것이며 낮으면 그 반대이다. 미국에서 이 지수는 유효하게 사용되고 있다. 한국 피델리티Fidelity 자산운용사는 60세를 은퇴시점으로 보았을 때 한국을 41%로 발표했다. 참고로 미국은

58%, 영국은 50%, 일본과 홍콩은 각 47%, 43%로 우리나라보다 높았다. 이 부족분만큼은 재테크를 하여 채워야 만족스러운 노후생활을 영위할 수 있게 된다. 문제는 국민연금조차도 점점 줄어들게 될 것이라는 점이다. 현재 공무원연금의 기금이 고갈되어 연 2조가 넘는 돈을 정부에 채워 달라고 요구하고 있다. 결국 국민들의 혈세로 메우는 일은 국민의 따가운 눈총을 받을 수밖에 없어 어떤 식으로든지 줄어들 수밖에 없다.

국민연금도 예외는 아니다. 수혜를 받는 사람들은 대폭 늘어나고 있지만, 이를 메워주는 사람들은 연금을 내는 미래의 젊은이들이다. 그러나 현재 젊은 인구들조차 점점 줄어들고 있어 불황으로 돈을 낼 형편이 아니라면 국민연금도 빠른 속도로 고갈될 것이다.

●개인연금

국민연금, 공무원연금, 기업의 퇴직금제도 등 공적 연금제도의 미비점을 보완하여 실질적인 노후생활을 보장할 수 있도록 하기 위해서 1994년 6월 20일부터 실시되었다. 자격은 공적연금가입자를 포함한 만 18세 이상의 모든 국민이며, 저축기간은 최소한 10년 이상이다.

이것을 보완해줄 좋은 대안은 개인연금●을 따로 준비하는 일이다. 개인연금을 다른 저축상품보다 선호하는 이유는 부족한 복지제도를 보완하는 개념으로 여러 가지 혜택을 부여하기 때문이다. 그것은 현행 15.4%(주민세 포함)의 이자 소득세를 면제해 주었다. 이자 소득세를 면제해 준다면 어느 저축상품보다 수익률이 좋은 상품이 된다. 물론 10년 이상 불입을 했을 때 자격을 부여해주므로 장기 저축으로 활용해야 한다.

개인연금 상품은 은행이나, 증권회사, 보험회사에서 각각 자신들의 특성을 띤 상품들을 팔고 있기 때문에 비교하여 들면 된다. 대체로 은행이나 증권회사의 상품은 보험회사보다 수익률이 좋은 반면에 수혜 기간이 정해져 있지만, 보험회사의 상품은 다른 금융기관보다 비교적 수익률이 다소 적지만 종신從信까지 혜택을 받을 수 있는 것이 장점이다.

안정적인 재테크 능력을 기르라

노후대책은 국민연금이나 개인연금만 생각하는 사람들이 있다. 그렇지만 그것만이 전부는 아니다. 충분한 재산을 형성하여 이를 활용하여 수익을 낼 수 있다면 이 역시 탁월한 노후대책 수단이 된다.

젊을 때에 열심히 일하고 저축하여 목돈을 만들고, 그 목돈을 투자하여 금융자산과 부동산을 보유하고 있어 월말이면 쏠쏠한 이자와 투자 수익금, 임대료가 통장에 들어온다면 굳이 다른 연금 상품이 필요하겠는가? 황금알을 낳는 재산을 자식들에게 상속해주지 않는다면 사망할 때까지 극진한(?) 효도를 받을 것이고, 늙은 노부부가 즐겁게 노후를 보내게 될 것이다. 이런 노후를 누리려면 안정적으로 재산을 만들고 운용하는 재테크 능력을 갖추어야 한다.

재테크라고 하면 주식투자나 부동산투자로 고수익을 올리는 것만을 생각하기 쉽다. 그러나 그것은 빙산의 일각Tip of the Iceberg일 뿐이다. 진정한 재테크 능력은 합리적인 전략과 시간을 이용하여 합법적인 수익을 올리는 것을 말한다. 불법적이고 불의한 방법으로 단기간에 일확천금을 얻으려는 투기와는 확연한 차이가 있다. 그러므로 알찬 재테크 능력은 하루아침에 갖추어 지지 않는다. 특히 노후준비를 위한 재테크는 안정적이고 효율적인 토대 위에서 구축된다.

그렇다면 탄탄한 재테크 능력은 무엇을 말하는 것일까? 부동산이나 주식투자를 권유하는 기관들은 말버릇처럼 고수익을 외치고 있다. 그렇지만 고수익을 올리는 능력은 그리 만만치 않다. 투자의 귀재라 불리는 워런 버핏도 연 10% 수익률은 꿈의 목표라고 말할 정도이다. 그러나 우리나라의 투자가들은 연 10%를 우습게 안다. 그들은 합리적인 투자가이기보다는 투기꾼에 가깝다.

그래서 투자 상품을 파는 금융기관이나 부동산 투기꾼들은 그들의 속내를 알아차리고 툭하면 고수익을 남발하고 있다. 허접스러운 부동산을 사들여 유명 연예인들을 앞세워 신문과 잡지에 광고하기도 하고, 유명한 증권회사의 그럴듯한 자격증을 새긴 명판 뒤에 고급스러운 의자에 몸을 기대어 장밋빛 수익을 올릴 것이라고 광고하면 정크junk수준에 가까운 해외펀드라도 갑자기 황금알을 낳는 거위로 둔갑한다. 이런 상품에 투자하게 되면 100% 자금손실을 입게 된다.

가장 탁월한 재테크 능력은 높은 수익률을 올리는 투자 상품이 아니라, 자신이 저축한 목돈을 가지고 장만한 재산형성 능력이다. 이것은 오랜 시간이 걸릴 수밖에 없다. 당연히 고수익의 투자와는 별 상관없다. 땅과 아파트만 사 놓으면 값이 뛰던 시대는 지나갔다. 자고 나면 주가가 오르는 일은 이제는 없다. 7,80년대의 경제개발이 활발한 시기에 잠깐 일어났던 현상이다. 지금의 재테크는 고수익을 올리는 능력이 아니라, 저축하고 목돈을 만들어 재산을 형성하고 이를 운용하는 것이다.

결국 《성경》에서 말하는 재테크 능력은 탐욕에 눈이 멀어 고수익의 덫에 빠지는 투기가 아니라, 젊은 시절부터 절제와 자족함으로 지출을 통제하고 꾸준히 저축을 하여 목돈을 만들고, 그 목돈을 이용하여 탄탄한 재산을 형성하는 과정에서 필요한 지식과 경험을 말한다. 그러므로 지금부터라도 건강하고 합리적인 재테크 능력을 길러야 한다. 노동력이 사라진 노후를 위해 지금부터라도 차근차근 준비한다면 걱정하고 염려할 것이 없다. 우리 등 뒤에는 세상 최고의 부자 아버지이신 하나님이 계시지 않은가?

노후대책, 이렇게 준비하자

01 당신의 노후대책은 어떠한가?

우리나라는 2020년이면 '나홀로' 가족 중 40%가 노인이고, 2050년이면 인구 10명이 노인 7명을 부양해야 하는 시대가 올 것이라고 내다봤다. 그리고 리서치 결과 60세에 은퇴해서 약 20여 년간 자신에게 필요한 노후비용은 약 4억 원쯤 되어야 한다고 말한다. 당신은 어떠한가?

02 평안한 노후를 위한 준비

첫째, 늙어도 일할 수 있는 능력을 갖추라. 평균수명이 79세인 현재, 55세에 은퇴하면 무려 24년간의 노후 기간이 남아있게 된다. 그러므로 자신만의 특별한 전문능력으로 수입을 창출하는 직업을 준비해야 한다.

둘째, 국민연금을 맹신하기보다는 개인연금을 준비하는 것이 좋다. 점점 인구가 줄어들고 있기 때문에 미래는 국민연금이 용돈 수준일 것이다. 그러므로 복지제도를 보완하여 여러 혜택을 부여해 주는 개인연금을 가입하는 것도 좋다.

셋째, 안정적인 재테크 능력을 길러야 한다. 그러기 위해서는 젊은 시절부터 절제와 자족함으로 지출을 통제하고 꾸준히 저축을 하여 목돈을 만들고, 그 목돈을 이용하여 탄탄한 재산을 형성하는 과정에서 필요한 지식과 경험을 쌓아야 한다.

02 | 지혜롭게 보험에 가입하라

보통 사람들에게 보험만큼 가까운 금융상품도 없다. 이유는 주변 친척이나 친구, 회사 동료 중 보험회사에서 설계사로 근무하고 있기 때문이다. 그래서 거절하지 못하고 하나 둘 들어준 것이 합치면 너무 많아 보험료로 지출되는 돈이 과다하지만, 해약하면 손해나기에 그 냥 유지하고 있다. 그래도 유지하고 있는 이들은 재정형편이 그나마 나은 편에 속한다.

그러나 보험료를 제대로 내지 못해 어렵게 넣은 보험이 해지 되면 서 그동안 불입한 돈조차 환불받지 못하고, 정작 지금이 보험 혜택 을 받아야 할 나이인데도 아무런 대책 없이 살아야 하는 상황은 자 신을 난처하게 만든다. 차라리 애초부터 보험이 없었더라면 억울하 지나 않을 텐데, 보험회사에 휘둘리고 무리하게 권유한 친구와의 관 계도 좋지 못하다. 이래저래 보험 때문에 마음고생도 심하고 손해도 적지 않다.

보험은 믿음이 부족한 자의 선택인가?

어떤 이는 하나님을 믿는 크리스천이 세상적인 제도인 보험에 의지하는 것은 하나님만을 의지하는 믿음이 부족한 것을 보여주는 것이라고 폄하하기도 한다. 사실 하나님은 인생의 모든 위험에서 보호해주시고 재앙에서 건져주신다고 했는데, 보험을 이용하는 것은 하나님보다 보험을 더 의지하는 것은 아닐까? 혹시라도 보험가입이 믿음이 없는 것을 드러내어 하나님이 책망하실지 모른다는 생각에 움찔해지기도 한다.

슬기로운 자는 재앙을 보면 숨어 피하여도 어리석은 자들은 나아가다가

해를 받느니라 잠 22:3

우리나라의 교회는 견고한 믿음을 강조하는
데 비해 지혜에 대한 가르침은 소홀한 느낌이 적
지 않다. 그래서 맹목적인 믿음이 합리적인 신앙
보다도 더 위세를 보이기도 한다. 그러나《성경》

> 바보와 현명한 자는 둘 다 해가 없다.
> 반만 바보인 자와 반만 현명한 자만
> 이 가장 위험하다.
> —요한 괴테Johann W. Goethe

에서는 지혜를 낮추어 말한 적이 없다. 지혜는 세상을 창조하신 하나님의 또 다른 이름으로《성경》에 500회 이상 기록되어 있다.

보험에 대한 것도 성경적인 지혜의 틀에 넣어보면 삶에 적용하는 일이 그리 어렵지 않다. 예기치 못한 사고나 무작위로 걸리는 질병의 치료비, 가장의 부재에 대한 생활대책을 미리 마련하는 일은 현명한

일이다. 아무리 믿음이 견고한 사람일지라도 예기치 못한 사고와 나이 들어 생기는 질병에서 자유로울 수는 없다. 그러므로 보험은 이를 대비하는 훌륭한 대비책이다.

또한 하나님이 보호해주신다는 개념도 기적적인 경우만 생각해서는 안 된다. 병이 들면 병원에 다니고 약을 먹으면서 기도하는 것이 지혜로운 일처럼, 세상적인 제도나 상품을 지혜롭게 활용하는 것도 하나님이 자녀를 보호해주시고 재앙에서 막아주시는 또 다른 모습이다.

필수보험과 선택보험

자동차를 운전하는 사람은 자동차보험이 필수이다. 물론 돈이 없어 종합보험을 들지 못한 사람들은 있지만, 정부에서 의무적으로 정한 책임보험에 가입하지 않으면 처벌대상이 된다. 그렇다면 일반 사람에게 필수적인 보험도 있을 것이며, 사람에 따라 선택적인 보험도 존재할 것이다.

그렇지만 보험에 대한 지식이 없다면 보험설계사의 위협과 학연지연을 위시한 강요(?)에 의해, 그들이 내놓은 상품에 어쩔 수 없이 가입하는 것이 현실이다. 그래서 단팥 없는 찐빵 같이 별다른 내용 없는 보험 상품을 비싼 돈을 들이고 사는 경우도 많다.

생명(건강)보험

보험회사에서 파는 상품이라고 해서 전부 보장성보험이 아니다. 적금이라 불리는 상품은 최소한의 보장을 곁들인 저축상품이며, 연금 상품 또한 비과세와 소득공제를 강조하는 저축상품의 또 다른 이름이므로 보장성 상품은 아니다. 보험회사가 다른 금융회사와 차별성을 가지는 주 상품은 보장성 상품이다. 그러므로 보험에 가입하려면 보장성에 주안점을 가지고 선택해야 한다. 또한 전에는 생명보험사는 사망이나 질병보장을, 손해보험사는 상해나 대물보상에 차별성을 가지고 있었으나 지금은 생명보험사와 손해보험사도 경계가 많이 줄었다. 그러므로 회사의 이름을 떠나 상품의 내용이 중요하다.

생명보험에서 일반적인 가정에 가장 필요한 보장은 사망보장과 각종 질병의 수술비를 비롯한 치료비 보장이다. 가장의 사망에 따른 남은 가족들의 교육비와 생활비와 더불어 암을 비롯한 고혈압, 당뇨병 등의 성인병은 치료하는 데에는 많은 비용이 든다. 게다가 경우에 따라 간병인이 필요하기에, 간병인을 고용할 돈이 없다면 가족 중 누군가는 생업과 가족을 돌보는 것을 포기하고 간병에 매달려야 한다.

그러므로 생명보험의 가장 중요한 보장은 가족의 생계비를 버는 가장의 부재 시의 생활비와 암을 비롯한 성인병의 수술비와 치료비가 될 것이다. 물론 충분히 보장이 된다면 좋겠지만 보험료가 그만큼 비싸지게 된다. 그러기에 중요하고 다급한 질병에 최소한의 보장을 염두에 두고 수입에 합당한 보험료로 설계해야 한다.

보험회사마다 보험이 중복된다고 해도 다 지급해준다고 광고하고 있으나, 보험은 저축이 아니라 유사시에 대비한 비용이다. 중복해서 많이 받는 것보다 중요한 질병에 적절한 보장을 받는 것을 염두에 두고 재정에 맞는 보험료의 지출에 만족해야 한다. 중복해서 가입하다 부담되어 보험을 유지하지 못한다면 차라리 처음부터 없는 것만 못하다. 그러므로 가정의 재정형편에 맞는 보험에 가입하고 유지하는 것이 무엇보다 중요하다.

최근에는 종신보험이 대세다. 처음에는 외국 생명보험사에서 대졸의 우수한 젊은이들을 대거 발탁하고 교육시켜 현장에 보냈다. 그들은 말쑥한 양복에다 고급차를 몰고 노트북컴퓨터를 들고 다니며 전문가임을 강조하여 기존의 보험아줌마와 차별화된 영업 전략으로 성공했다. 의사나 약사, 변호사 등의 전문직을 주 시장으로 시작했으나 지금은 거의 보편화 되었다. 그래서 국내 생명보험사에서도 이들을 벤치마킹하거나 기존 영업팀을 재교육시켜 자신들의 기존 시장을 방어하고 있다.

종신보험은 사망보장의 기간을 정하지 않아 생긴 이름이다. 피보험자가 언젠가는 사망할 것이므로 보험수혜자가 한 번은 사망보험금을 타게 된다는 것이 그들이 강조하는 영업 전략이다. 그래서 가장의 조기 사망 시 유족들의 생계비나, 자녀들이 독립한 후에 늙어 사망한다 할지라도 상속으로 활용할 수 있다는 점을 부각시킨다.

그렇지만 종신보험이라고 약점이 없을 수 없다. 필수적으로 사망보장을 해주는 대신 보험료가 비싸다. 보장이 잘 되는 보험이라도 가정

재정에 부담되는 보험은 좋지 않다. 그러므로 자신의 수입에 맞추어 선택해야 한다. 만약 종신보험을 선호한다면 최소한의 가장의 사망보장을 주 보험으로 하고, 부부가 질병치료비를 위한 특약을 조립해서 같이 든다면 보험료가 저렴하므로 고려해볼 수 있다.

그래도 부담이 된다면 정기보험定期保險을 추천한다. 정기보험은 보장의 기간이 정해진 보험을 말한다. 요즘 우리나라 사람들의 평균수명을 생각해볼 때 대략 80세까지 보장받는다면 괜찮은 보험이다. 정기보험은 종신보험처럼 종신까지 사망을 보장해주지 않는 대신, 대략 80세가 될 때까지 질병치료를 보장해주면서 보험료가 저렴하므로 차선책으로 생각해 볼 수 있다.

상해보험

손해보험사의 주 상품은 상해보험, 운전자보험, 화재보험과 같은 대물보험이다. 물론 손해보험사도 질병치료에 대한 상품을 취급하고 있지만, 원래는 위의 상품이 주요한 상품이다. 상해보험은 생명보험처럼 질병에 대한 보장이 아니라, 사고로 다치거나 사망하거나 장애를 입었을 때 해당 보험금이 나오거나 치료비나 생활비를 보장해주는 보험이다. 그러나 요즈음의 사고는 자동차 사고이며 자동차 사고로 인한 치료는 뺑소니의 경우에도 치료비를 보장해주고 있다.

그 이외의 사고로 말미암은 것은 상해보험을 가입하여 보장을 받아야 한다. 그러나 요즈음은 건강보험에도 상해특약을 가입하여 설계한 상품도 많이 나오고 있으므로 따로 가입하기보다는 건강보험에 특약을 넣어서 보장받는 것이 더 저렴하다.

그렇지만 친구나 친척들이 보험설계사가 되어 찾아오면 마지못해 싼 것 하나 들어주는 것으로 체면치레를 하게 되는데, 이때 상해보험이 저렴하다는 이유만으로 가입하기 일쑤이다. 하지만 상해보험의 치료비는 중복치료가 되지 않는 것이 원칙이므로 많이 가입했다고 하더라도 보험사마다 중복해서 치료비가 나오지 않는 경우가 많다. 그러므로 기존의 보험을 다시 살펴보고 중복해서 가입했다면 정리를 하는 것이 새나가는 돈을 막는 것이다.

자동차 종합보험

자동차를 운전하고 다니는 사람들은 언제나 사고위험에 노출되어 있다. 본인이 아무리 주의해서 운전한다고 해도 상대방이 사고를 낼 수도 있고, 주택가에서는 놀이에 열중한 아이들이 예기치 못한 상태에서 갑자기 튀어나와 사고를 낼 수 있다. 자동차보험은 인명피해를 볼 수 있는 여지가 많고, 인명피해는 과다한 치료비가 요구된다. 그리고 종합보험에 가입하지 않은 상태에서 사고를 내면 재판에서 불리하게 작용을 하고, 때로는 소송비용까지 들어가는 등 엄청난 돈이 들어갈 수도 있다. 한 번의 실수로 감옥에 가거나 평생 빚더미에 올라앉는 일이 생길지도 모른다. 그러므로 자동차 종합보험은 꼭 가입해야 한다.

보험에 대한 5가지 오해
① 사소한 것이라도 보장 받을 수 있다는 생각
② 보험이 저축이라는 생각
③ 순수보장형보다 만기환급형의 보험이 유리하다는 생각
④ 사망보험금은 반드시 종신형이어야 한다는 생각
⑤ 실손 의료비 보험의 갱신보험료가 개인별로 다르게 상승한다는 생각

자동차 종합보험은 대인, 대물, 자기차량, 무보험 등의 보장 종목이 있는데, 대인이나 대물은 사고를 당한 상대방 차의 손상이나 인명피해를 보상해 주는 것이기 때문에 반드시 가입해야 한다. 그러나 자기차량보상은 자신의 차를 보상해 주는 경우이다. 자기차량보장은 자기부담금도 있고 또한 본인의 차가 오래되어 많이 낡았을 경우 큰 보상을 받기가 어려울 수 있다. 그러므로 그런 경우에는 살펴보고 보험료가 그렇게 비싸지 않다면 가입하는 것을 권한다.

무보험은 자동차보험에 가입하지 않은 차나 뺑소니차에 의해 피해를 보았으나, 상대방이 충분히 치료비를 보상하지 못할 때 보장을 받

는 것이니 유효한 보장이다. 그러므로 할 수 있다면 자동차 종합보험의 모든 보장에 가입해서 보장받는 것을 권한다.

최근에는 수입자동차가 많이 증가했다. 수입자동차는 부품을 수입해서 수리하므로 수리비가 비싸다. 그런 경우에 일반적인 대물한도인 3,000만 원 가지고는 모자라기 때문에 자신의 돈으로 채워 넣어야 하는 일도 생긴다.

그래서 보험사에서 대물사고를 2,3억으로 올리는 대신 보험료가 4,5만 원 많아지는 특약설계를 추천한다. 보험료가 비싸지더라도 이 같은 특약은 필요하다. 보험은 예기치 못하는 재난에 대비한 손해를 보장받는 것이다. 몇 만 원 아끼기보다는 차라리 충분히 가입하고 안심하고 다니는 것이 낫다.

자동차 보험에 싸게 가입하는 방법은 설계사를 통해 가입하는 것보다 인터넷을 이용하면 대체로 보험료가 저렴하다. 왜냐하면 설계사 수수료나 영업소관리비로 나가는 돈만큼 싸게 서비스하기 때문이다. 인터넷으로 가입하더라도 보장받는 것은 설계사를 통한 서비스와 똑같다.

또한 26세 이상과 가족 한정으로 제한한다면 보험료가 싸지고, 부부만 운전한다면 가족 한정보다 부부 한정으로, 혼자서 운전한다면 본인한정특약과 자신의 나이에 맞추어 가입하면 보험료가 더 저렴하므로 알뜰하게 가입하기를 권한다.

주택(상가)의 화재보험

주택이나 상가가 있다면 화재나 도난 등에 대비해서 보험에 가입해야 한다. 일반적으로 대단위 아파트는 관리사무소에서 공동으로 가입하여 관리비에 청구하여 받고 있다.

그러나 관리사무소에서 가입하는 화재보험은 최소한의 보험만 가입되어 있으므로 충분한 보장을 원한다면 추가로 화재보험에 가입해야 한다. 화재가 날 확률은 낮지만, 일단 발생하면 전 재산을 일시에 잃어버리는 것은 물론 생계에 큰 타격이 있으므로 꼭 가입해야 한다. 이런 비용은 아까워하지 말고 재산을 가지고 있다면 꼭 내야 하는 세금처럼 생각해야 한다.

좋은 보험의 조건

보장기간이 길어야 한다

전에는 많은 보험 상품들은 보장기간이 10년이나 20년 등으로 한정되어 있었다. 젊었을 때 보험에 가입하고 20년이 지났다 하더라도 50대인 경우가 많은데, 보험혜택은 5,60대 이후가 가장 많이 받게 된다. 그러나 이때 보험에 다시 가입하려고 하면 보험료가 비싸고, 건강에 이상(고혈압, 당뇨 등)이 있다면 보험회사에서 받아주지 않는다. 그렇기 때문에 보험에 가입할 때 80세 이상으로 보장 기간을 정해놓은 보험에 가입해야 하다.

보험료 납입 기간이 짧은 경우도 문제가 있다

보장성보험은 납입액의 70만 원까지 소득공제 혜택을 주는데, 납입기간이 짧다면 혜택받는 기간도 그만큼 짧아지고, 많은 상품의 경우 사망하거나 3급 장해 이상이면 납입보험료를 면제해주는데 이때도 불이익을 받을 수 있다.

보장 내용이 보편적이어야 한다

어떤 상해보험은 비행기나 배, 기차를 타고 사망하면 몇 억 원씩 주지만 그냥 재해로 사망하면 몇 천만 원에 불과한데, 보험이란 복권이 아니므로 보편적으로 보장을 받을 수 있는 상품이어야 한다. 유선방송에서 많이 광고하는 노인보험도 무조건 가입이 가능하다고 하지만, 질병보험 혜택은 거의 없고 사고로 다친 경우에 해당하는 상해보장으로 제한된 경우가 많다.

또한 모든 질병에 입원비와 치료비를 준다는 보험도 3일 이상 병원에 입원해야 한다는 조건이 붙은 경우가 많다. 사실 가벼운 질병이라면 3일 이상 입원하는 경우가 드물다. 그리고 수천 가지나 되는 질병 모두를 보장해준다는 말에 현혹되지 마라. 일반적인 병이라면 치료비가 많이 들지 않는다. 동네병원에서 건강보험으로 치료하고 약국에서 약을 사먹으면 1만 원 내외로 낫는 경우가 허다하다. 중요한 것은 암을 비롯한 고혈압, 당뇨병 같은 성인병이므로 이런 병에 충분한 보장이 되는 보험이 좋은 보험이다.

만기에 주는 돈이 없는 보험 상품이다

우리나라 사람들은 만기환급형보험 상품을 선호한다. 만기가 되면 낸 보험료를 전부 준다는 것이 손해가 없다는 생각이 들기 때문이다. 그렇지만 만기가 되어 원금을 주는 상품은 저축하는 돈과 보장받는 돈을 나누어서, 저축하는 부분을 적립해서 나중에 환급금으로 주는 경우이다. 당연히 적립되어 돌려주는 금액만큼 비싼 보험이 된다.

또한 보험 만기인 30년이나 40년 후에 그 돈은 감가상각으로 현가가 떨어져 지금 가치의 10-20%밖에 안 된다는 현실을 생각해 보라. 설계사는 절대로 이 말을 하지 않겠지만, 그때에 환급받는 돈의 가치는 한 달 용돈에 지나지 않을지도 모른다. 그러므로 보장성보험은 돌려받는 금액보다 보장받는데 초점을 맞추어서 가입해야 한다. 자동차 보험의 경우처럼 1년이 지나면 돌려받는 돈이 없는 소멸성 상품이 싸고 좋은 상품이다.

문제가 있다면 냉정하게 보험 갈아타기를 하라

가입한 보험을 살펴보고 보장이 중복되거나 허점이 있거나 보장 기간이 짧다면 아까워하지 말고 해약해서 '보험 갈아타기'를 하는 것도 좋다. 보험은 저축이 아니라, 위험에 대비한 경비인 것을 잊지 마라. 또한 질병이나 사고의 위험보장에 대한 것이 가장 중요함을 기억하고, 잘 아는 설계사라고 가입하기보다 진실하고 전문적인 설계사의 도움을 받아야 한다. 가벼운 친분 때문에 가족의 미래를 위험에 빠뜨려서는 안 된다.

보험이 필요한 우선순위

유명한 영화 〈타이타닉〉을 보면, 베링해협Bering Strait의 얼음이 둥둥 떠다니는 추운 바다에서 배에 구멍이 뚫려 점점 가라앉고 있을 때 승객들이 구명정을 타는 장면이 감동적이다. 구명정의 승선인원은 한정되어 있기에 모두 타고 싶지만, 누군가는 타지 못한다. 그래서 구명정에 탑승하는 우선순위는 정해져 있다. 노인과 어린이, 여자가 먼저 타는 것이 원칙이다.

이처럼 보험 가입에도 우선순위의 원칙이 있다. 일반 가정의 보험을 살펴보면 식구 수만큼 빼곡하게 가입된 집도 있지만, 식구 중 일부만 보험에 든 가정도 적지 않다. 정작 부모는 보험이 없지만 귀여운 자녀들의 보험을 챙기는 집도 있다. 보험료로 나가는 지출이 크기에 모든 식구가 보험에 들기가 쉽지 않기 때문이다. 그렇다면 어떤 원칙에 따라 보험에 가입하는 것이 좋을까?

보험은 가족들의 생활비를 벌어오는 가장에 초점을 맞추어야 한다. 가장이 불의의 사고로 사망하거나 중한 질병에 걸려 수입이 없다면 남은 가족들은 심각한 상황에 빠지게 될 것이다. 그러므로 가장인 남편의 사망보장과 암을 비롯한 성인병의 보장이 가장 필요하다.

그 다음은 아내이다. 가장이 아닌 아내는 사망보장보다 중한 질병의 치료비 보장이 더욱 필요하다. 그래서 암을 비롯한 성인병 보

장을 들어야 하며, 남편을 주보험으로 하는 부부 특약에 가입한다면, 남편은 사망보장과 치료비보장과 더불어 아내는 치료비보장을 받을 수 있다.

그 다음은 자녀이다. 자녀는 부모가 정상적으로 양육한다면 성인이 될 때까지 별다른 문제 없이 성장할 것이다. 자녀의 보험은 아동기에 주로 발생하는 질병에 맞는 것이 대부분으로 가입한다면 안심이 되겠지만, 가정재정에 그만한 여력이 있는지를 먼저 살펴보아야 한다.

앞에서 말했지만, 보험은 저축이 아니라 재정위험에 대한 경비로 생각해야 하므로 보장성보험의 보험료는 수입의 7-10% 이내가 가장 적당하다. 그래서 우선순위를 정해 남편과 아내의 보험을 들되 재정이 된다면 자녀도 보험에 가입해야 한다. 그렇지 않고 부모는 적정한 보험도 없이 자녀의 보험만 있다면 '갈아타기'를 하여 재설계를 할 것을 권한다.

보험 가입은 이렇게…

01 보험에 대한 바른 인식

크리스천이 세상적인 제도인 보험을 의지하는 것은 하나님만을 의지하는 믿음이 부족하기 때문이라고 폄하하기도 한다. 그러나 예기치 못한 사고나 질병의 치료비, 가장의 부재에 대한 생활대책을 미리 마련하는 일은 현명한 일이다. 아무리 믿음이 견고한 사람일지라도 예기치 못한 사건에서 자유로울 수 없기 때문이다.

02 필수보험과 선택보험을 분별하라.

사람들의 생활방식에 따라 필수적인 보험과 선택적인 보험이 존재한다. 그리고 보험에 가입할 때에는 사전에 그에 대한 분명한 지식을 가추고 있어야 한다. 좋은 보험에 가입하기 위한 조건으로는, 첫째로 보장기간이 길어야 한다. 둘째로 보험료 납입 기간이 짧은지를 체크해야 한다. 또한 혜택 받는 기간이 길어야 한다. 셋째로 보장 내용이 보편적이어야 한다.

03 보험가입에 우선순위를 정하라.

보험은 가족들의 생활비를 벌어오는 가장에 먼저 초점을 맞추어야 한다. 이유는 가장의 사망보장과 암을 비롯한 성인병의 보장이 가장 필요하기 때문이다. 그 다음에는 아내이다. 아내는 사망보장보다 중한 질병의 치료비 보장이 더욱 필요하다. 다음으로는 자녀이다.

03 | 악성부채를 어떻게 갚을 것인가?

악성부채란 자신의 힘으로 도저히 갚을 수 없는 빚을 말한다. 악성부채를 지는 원인은 다양하지만, 대출을 얻고 빚을 내어 무리하게 사업을 하다가 부도가 나거나 잘 모르는 분야에 무모하게 투자했다가 쓴맛을 보는 경우가 일반적이다. 처음에는 부동산담보대출을 이용하지만, 돈이 급해지면 수단과 방법을 가리지 않고 빌리게 된다.

또 다른 원인은 충동구매와 과소비로 신용카드를 거침없이 쓰다가, 3개월 연체되면 블랙리스트에 올라가며 금융기관의 거래가 정지되고 모든 대출금액을 은행에서 일시에 회수한다. 이를 막기 위해 다른 카드로 돌려막기 하다가 제2금융권인 캐피털 등에 다시 대출을 얻는다. 그곳은 이자가 비싸다는 것을 알면서도 어쩔 수 없이 대출을 한다. 그렇지만 빚을 내서 이자를 갚는 경우도 잠시뿐 결국은 자신의 신용평가로는 정규적인 대출기관에서 돈을 빌릴 수 없는 지경에 도달한다.

그래서 마지막으로 두드리는 곳이 사채업자다. 우리나라의 사채업자는 오랜 경제 불황에도 호황을 맞이하고 있다. 유선방송의 주요한 광고주가 이들이며, 대기업 보험회사나 외국의 유명 투자회사도 은밀하게 발을 들여놓았다. 그들은 담보를 요구하지도 않으며 신용평가가 땅에 떨어진 사람들이 주 고객이지만, 엄청난 이자를 받음으로 갚지 못해 생기는 손해를 미리 채운다.

그렇지만 거꾸로 돈을 빌리는 입장이라면 큰 고리대금임에 틀림없다. 그렇지 않아도 막다른 골목에 처해 사채업자를 찾기는 했지만, 이곳이 다시는 일어설 수 없는 카운터펀치를 얻어맞는 곳이라는 것을 사람들은 잘 모른다. 대부업은 정부에서 허락한 합법적인 이자인 연 49%도 엄청나지만, 그동안 사채업자를 찾은 이용객들의 평균 이자율은 연 72.2%였고, 두 군데 이상에서 평균 873만 원을 빌렸다고 하니 (금융위원회, 2008년), 여기에 발을 들여놓으면 더 이상 일어설 수 없다는 곳임을 여실히 보여준다.

결국 악성부채에 시달린 사람들은 마지막 기회로 파산을 신청하고 있다. "경제적 사망신고"라 인식되어 그동안 꺼리기도 했지만, 경제 불황과 도덕적 해이가 겹치면서 개인파산은 해마다 늘고 있다. 2002년에는 1,300여 건에 불과했지만, 2007년에는 16만 건에 가까운 신청 폭등이 이를 잘 대변해준다. 개인파산은 최저 생계비만 남기고 전 재산을 채권단에게 돌려주고 빚 전체를 탕감 받는 제도이다.

하지만 돌려 줄 재산이 없는 99%의 신청자는 곧바로 빚을 면책받기에 마지막 남은 탈출구로 인식되고 있다. 그러나 빚을 갚지 않으려는 수단으로 파산을 이용한다면 하나님이 싫어하시겠고, 사회적으로 경제적으로 재기불능의 상태를 인정하는 것이 되어 재정적인 식물인간으로 여생을 보내야 한다. 금융기관의 빚이라면 갚을 재산이 없다면 독촉하다 말겠지만, 개인적인 채권채무 관계는 그대로 끝나지 않는다. 부모 형제나 친척 친지 등의 개인적으로 빌린 돈을 갚지 못한다면, 그들과의 관계는 영영 끊긴 채 저주와 원망의 소리를 평생 들어야 할 것이다.

하나님에게 돌아오라

그동안 필자는 재정관리 상담을 하면서 많은 악성채무자를 만나왔다. 그들은 엄청난 빚에 도저히 갚을 엄두를 내지 못한 채 하루하루를 연명하고 있었다. 소모적인 부부간의 감정싸움으로 가정도 위태로웠고 두터웠던 신앙도 떨어질 대로 떨어져 있었다. 그들에게는 국가나 사회적인 제도도 힘이 되지 못했다. 초점 잃은 눈으로 손을 늘어뜨린 채 자포자기 상태였다.

그렇지만 그들에게 마지막 남은 유일한 해결책은 하나님에게 기대는 것뿐이다. 하나님이 기뻐하시는 뜻대로 신앙과 행위를 돌이킨다면 자비로우신 하나님의 도우심을 입게 될 것이다. 하지만 아직도 자신의 지혜와 주변 사람들의 능력으로 갚을 수 있다고 생각한다면 먼저

해볼 것을 권한다. 하나님에게 돌아오는 것조차 그리 쉬운 일은 아니기 때문이다. 그러나 하나님에게 기대려면 오랜 기근 끝에 마지막 남은 떡과 기름을 엘리야Elijah에게 드린 사렙다Sarpta의 과부* 행동처럼(왕상 17:8-16), 아무리 따르기 어려운 요청일지라도 철저하게 하나님의 뜻에 복종하는 자세를 가져야 한다.

> 이에 스스로 돌이켜 이르되 내 아버지에게는 양식이 풍족한 품꾼이 얼마나 많은가 나는 여기서 주려 죽는구나 눅 15:17

●사렙다의 과부
사렙다는 두로와 시돈의 중간지점에 있다. 이 지역에 흉년이 들었을 때 엘리야는 아들과 같이 떡 하나를 만들어 먹고 죽으려고 한 과부에게 먼저 자신이 먹게 해달라고 하였고, 그 뒤 하나님은 그 집에 가뭄이 마칠 때까지 기름과 밀가루가 부족하지 않을 만큼 먹을 수 있는 기적을 베풀어 주셨다(왕상 17:8-14).

하나님에게 돌아오라는 것은 철저하게 하나님의 뜻을 깨닫고 그 뜻에 따라 행동하는 것을 말한다. 어차피 악성채무자가 기댈 곳이 하나님밖에 없다고 믿으며 철저하게 그분의 뜻에 따르고자 하는 당찬 각오가 없다면 시작부터 하지 마라. 어차피 원하는 결과도 얻지 못할 테니까. 악성채무자가 된 것은 하나님의 뜻과는 정반대인 탐욕과 방탕함이 비롯되어 생긴 결과이므로 하나님의 뜻으로 돌이키고자 하는 단단한 결심과 굳은 각오가 있어야 한다.

돈에 대한 하나님의 뜻은 여러 가지겠지만, 먼저 자신의 돈이 하나님으로부터 공급되었다는 것을 깨닫고 일용할 양식인 생계를 위한 필요와 의로운 열매를 위한 구제와 선교를 위해 사용할 것을 단단히 결심해야 한다. 물론 먹고살기도 힘든 데 무슨 돈이 남아돌아

선교나 구제에 사용하겠느냐고 반문하겠지만, 이 기회에 단 얼마라도 철저하게 하나님이 요구하시는 목적대로 돈을 사용하는 습관을 길러야 한다.

여기에는 절제와 자족의 성품이 필요하다. 할 수 있다면 십일조를 드리는 노력도 필요하다. 그러나 억지로 드리거나 의무적으로 드리는 것이라면 아무런 효과가 없다. 하나님은 기꺼이 기쁘게 드리는 것을 원하시기 때문이다. 그러므로 십일조를 드리기 이전에 하나님에 대한 견고한 믿음으로 돌아와야 한다. 가계부를 쓰면서 지출을 통제하면서 돈 관리에 대한 노력도 게을리해서는 안 된다. 이렇게 해서 남은 돈이 단돈 만 원이라고 할지라도 빚을 갚기 시작해야 한다.

물론 이렇게 갚는다면 평생 갚아도 다 갚지 못할 것이다. 그러나 중요한 것은 빚을 갚는 액수가 아니라, 빚을 갚아 나간다는 사실이다. 하나님에게 돌아오는 것은 아주 작은 일일지라도 하나님의 뜻대로 행동하는 것이다. 어차피 하나님이 지혜를 주시고 환경을 열어주셔서 도와주시지 않는다면 갚을 수 없는 처지가 아닌가? 예수님은 겨자씨만한 믿음이 있다면 산을 옮길 수 있다고 하셨다(마 17:20). 우리에게 주어지는 돈은 내 돈이 아니라 하나님의 돈이다. 우리는 단지 관리자에 불과하다. 신실한 관리자는 주인의 뜻에 합당하게 돈을 사용해야 한다. 그렇기에 지금부터라도 관리자의 자세로 돌아가서 철저하게 하나님의 뜻에 따라 돈을 사용하는 습관을 길러야 한다.

두려움과 걱정에서 벗어나라

빚의 수렁에 빠진 자들은 오랫동안 채권자들로부터 혹독한 빚 독촉의 상처와 어렵게 얻은 수입들이 자신의 손에 쥐기도 전에 빼앗긴 경험 때문에 자포자기하며 사는 이들이 대다수이다. 단란한 가정이 해체된 경우도 많고 자식들 때문에 이혼하지 않았더라도 한집에 살면서도 별거하다시피 하며 사는 이들도 적지 않다.

물론 견고한 신앙도 잃은 지 오래고 형식적으로 다니던 교회조차 그만 둔 이들도 많다. 그들은 채권자들을 피해 다니며 생긴 두려움과 불안감을 잊으려고 매일 술에 취해 지내며, 그리운 집과 부모 형제를 떠나 노숙자가 된 이들도 적지 않다.

아직까지 그런 단계는 아니지만, 낯선 사람을 보면 자신을 쫓는 추심기관의 사람들로 여겨 깜짝깜짝 놀라거나 공개적으로 모습을 드러내는 것을 극도로 피한다. 봉건주의 시대에 잔인한 주인을 피해 도망한 노예의 모습을 보는 듯하다. 주인의 벌을 두려워하고 내일의 삶을 걱정하는 이들에게는 미래가 없다. 단지 모진 목숨을 끊지 못하고 사는 것이 한스러울 뿐이다. 이처럼 악성채무자는 두려움과 불안에 떠는 노예의 처지와 다르지 않다.

사랑 안에 두려움이 없고 온전한 사랑이 두려움을 내쫓나니 두려움에는 형벌이 있음이라 두려워하는 자는 사랑 안에서 온전히 이루지 못하였느니라 요일 4:18

머리를 들고 현실을 냉정히 바라보라. 갚을 재산이 더는 없다면 합법적인 채권기관에서는 더는 독촉을 할 수 없을 테고, 돈을 빌려 준 친척이나 친구들도 아무것도 가진 게 없다는 것을 안다면 포기할 수밖에 없을 것이다.

하지만 조폭에 가까운 사채업자의 돈을 사용했다면 무척이나 곤혹스러울 것이다. 그들은 법을 무시하며 공갈과 협박을 주 무기로 이용한다. 그러나 그들을 두려워하며 끌려다닌다면 더 이상의 자유는 없다. 불법적인 사채업자라면 법에 최대한 호소해야 한다. 불법적인 추심행위는 1379 통합신고센터(국번 없이 1379나, www.1379.go.kr은 경찰청 산하 기관으로 24시간 상담접수를 받음)나, 또는 합법적인 대부업자라도 불법적인 추심행위는 금융감독원(www.fsc.go.kr)으로 신고하여 법의 보호를 요청하라.

해결사를 자처하는 폭력적인 사채업자들은 채무자의 두려워하는 마음을 철저히 이용한다. 그들은 빚을 어느 정도 갚더라도 이에 만족하지 않고 신체의 장기라도 팔아서 모조리 갚을 때까지 협박을 중단하지 않는다. 그들의 불법적인 행위를 피하고 도망 다니거나 두려워하는 모습을 보인다면, 그들은 더욱 공갈과 협박을 멈추지 않을 것이다.

그러므로 처음부터 그들의 동정심을 기대하지 말고 담대하게 법에 호소하여 보호를 받아야 한다. 그들이 늘 하는 말과는 달리, 교도소를 제집처럼 아는 조폭들도 사실은 경찰을 두려워하고 감옥에 가는 것은 극도로 싫어한다. 법에 호소하는 것도 두려움과 걱정에서 벗어나는 방법이 되겠지만, 마음 깊은 곳에 자리 잡은 두려움과 염려의 근원까지 모두 없애주지는 못한다. 그렇지만 그들을 몰아내지 못한다면 정상적인 삶으로 돌아올 수 없다. 공포와 불안이 가득 차 있던 자리를 다른 무엇으로 채우지 못한다면 평안한 마음이 오래가지 못 한다.

여기에 유일한 해결책은 하나님의 영이 마음에 들어오도록 하는 길밖에 없다. 성령이 내 안에 들어와 살아 계시다면 평안과 기쁨을 주시므로 다시 용기를 얻고 회복에 대한 희망을 갖게 될 것이다. 하나님은 전지전능하신 분으로 죽은 자를 살리며 불치병을 고치는 능력의 하나님이시다. 그분을 모셔 들여 동행하는 삶을 살게 된다면 악성부채 해결은 불가능한 일이 아니다. 문제는 이 같은 신앙으로 회복하는 길이다. 그동안 하나님을 떠나 잃어버린 믿음을 되찾고 늘 깨어 하나님과 대화하고 함께하는 경건의 훈련을 계속해야 한다. 이 길만 이 두려움과 불안을 주는 악한 영이 다시 들어오지 못하게 하는 유일한 방법이다.

사회제도를 지혜롭게 이용하라

악성채무자는 개인과 가정에 심각한 문제를 끼치며 사회와 국가에도 막대한 손실을 입히기에 정부는 여러 가지 대책을 세워 그들을 구제하려고 한다. 정부에서 세우는 대책은 연체이자를 면제해주거나 기존 부채의 이자율을 현저하게 낮게 책정해주어 채무자가 힘을 내어 빚을 갚을 수 있는 기반을 마련하게 해주는 데 있다. 그러므로 악성채무자는 이런 사회제도를 지혜롭게 잘 이용해야 한다.

한마음금융

먼저 가장 낮은 단계는 한마음금융이다. 한마음금융은 2개 이상의 금융기관에 5,000만 원 미만의 채무가 있는 경우이고, 소득증빙이 없어도 신청할 수 있다. 상환방식은 신청 시 원금의 3%를 내면 최장 8년에 걸쳐 매월 원금을 똑같이 나눠 상환하는 '균등형'과 선납금 6%를 내고 1년 동안 원금과 이자를 내지 않다가 둘째 해부터 상환금액이 늘어나는 '체증형' 두 가지가 있으며 원금 감면은 없다.

여기에 받아들여지면 신용불량자에서 벗어날 수 있으며 다 갚으면 원래의 채무가 없는 상태로 다시 돌아오게 되는 좋은 제도이다. 그러나 약속대로 매달 갚아 나가야 하고, 그렇지 못할 때에는 약속 불이행으로 이 혜택이 없어지고 이전의 상태로 되돌아가게 되므로 규칙적인 수입이 있어야 한다. 그러나 이 제도는 일단 3개월 동안 한시적으로 시행되고 있으며 2004년과 2006년에 시행되었다. 한국자산관리공사(www.badbank.or.kr)에서 맡아 관리하고 있다.

개인워크아웃제도

그 다음 단계는 개인워크아웃제도로써 5,000만 원 이상 3억 원 미만의 채무가 있는 경우에 해당되고 모두 다 신용불량자이어야 한다. 개인워크아웃제도는 신청한 뒤 위원회에서 받아들여지면 채무조정을 거쳐 최장 8년에 걸쳐 갚으면 되는데, 그동안 발생했던 연체이자는 삭감이 되고, 남은 채무금액도 최저 이자로 최장 8년까지 나누어 갚으면 된다. 그러나 소득이 있어야 하므로 최저 생계비 이상의 소득이 있는 사람에 한정된다. 자세한 내용은 신용회복위원회(www.crss.or.kr)로 알아보면 된다.

개인회생제도

법원에서 관할하는 채무해결제도는 개인회생제도와 개인파산제도가 있다. 먼저 개인회생제도는 민간 차원의 구제가 어려운 경우 법원에서 처리하는 제도로 사채 빚을 진 채무자들도 이용할 수 있으며, 채무범위도 15억 원으로 상대적으로 많다는 것이 특징이다. 채무변제 기간은 최장 8년이며, 8년 이상 빚을 갚아야 모든 채무를 변제할 수 있는 경우 원금을 감면받을 수도 있다. 단, 봉급생활자나 영업소득자 등 고정적인 수입이 있는 사람만이 이용할 수 있다. 이 제도를 신청하려면 채무자는 모든 재산을 공개하고 변제계획 안을 직접 작성해야 한다.

개인파산제도

개인파산제도는 채무자가 지급불능의 상태에 빠졌다고 법원에서 인정하여 채무를 면제해주는 제도이다. 채무 액수나 채무형태의 제한 없이 이용할 수 있는 제도로 채무변제능력 상실자가 대상이다. 보유자산을 모두 처분, 채무를 정리한 뒤 나머지 채무에 대해서는 법원으로부터 면책결정을 받게 된다. 채권자 입장에서는 불리하나 채무자 입장에서는 가장 유리한 제도다.

그러나 법원의 파산선고 후 피선거권 상실, 공무원 임용불가, 파산 사실의 신원증명서 기재 등의 멍에를 져야 한다. 대부분의 회사에서 퇴직의 원인이 되고 금융거래를 할 수 없는 등의 불이익이 따른다. 그리고 나중에 재산을 다시 형성하게 되면 빚을 갚아야 된다. 파산제도는 위의 다른 제도와는 달리 빚을 갚지 않아도 된다. 그래서 악성채무자들이 가장 선호하는 제도이기도 하다.

하지만 크리스천이라면 이 제도를 이용하는 동기나 내면의 태도가 하나님 앞에 바로 서 있어야 한다. 질병이나 사고 등으로 노동력을 상실하여 돈을 벌 수 없거나 개인의 능력으로 도저히 갚을 수 없는 액수라면 하나님도 이를 인정해주실 것이다. 그러나 빚을 갚지 않으려는 수단으로 이 제도를 이용한다면 하나님이 싫어하신다. 하나님은 빚을 갚을 수 있는 능력이 있음에도 갚지 않는 자는 악하다고 하셨기 때문이다(시 37:21).

> 일하지 않는 사람은 절대 올바른 생각을 할 수 없다. 게으름은 비뚤어진 마음을 갖게 만든다. 긍정적인 행동이 뒤따르지 않는 사고는 병균과도 같다.
>
> —헨리 포드Henry Ford

무슨 일이라도 열심히 일하기 시작하라

악성채무에 대하여 크리스천이 바라는 하나님의 도우심이란 어떤 것일까? 기도원에서의 금식기도나 일천번제라는 제목의 오랜 기도회 등에서 희생적인 기도의 결과로, 기적이 일어나 기대하지 않았던 누군가가 빚을 전액 갚아주겠다고 약속을 하거나 갑자기 채권자가 빚을 모두 탕감해 주겠다는 제안일 것이다.

《성경》에서는 죽은 자가 살아나고 소경이 눈을 뜨는 기적을 어렵지 않은 일처럼 소개하였다. 그러므로 희생적인 기도의 결과로써 믿음이 겨자씨만큼만 있어도 그 혜택의 수혜자가 될 자격이 충분하다고 약속하였기에 자신의 부채 정도는 전지전능한 하나님에게는 그리 어려운 일이 아닐 것이다.

필자도 사업하다가 진 빚을 갚지 못해 전전긍긍하다가 하나님이 해결해주신다면, 주의 종이 될 것을 결심하고 신학교에 들어갔다. 물론 목회자의 소명에 대한 하나님의 응답을 분명하게 받았다. 그렇지만 졸업 후에 빚이 갚아지기보다는 이자가 더 불어나 있었다. 결국 목회의 길을 포기하고 방황하다가 다시 돌아오기까지는 약 10년의 시간이 걸렸다.

하나님이 기적적인 방법으로 갖가지 삶의 문제를 해결해주시는 것은 후유증이 없는 문제들이 대부분이다. 귀신을 쫓아주거나 질병을 낫게 해주어도, 다른 사람과는 아무 상관이 없는 극히 개인적인 문제들이다. 그렇지만 빚을 갚게 해주거나 분쟁을 해결해주는 경우는 기존의 성품이나 사건, 다른 사람들과 밀접한 관계를 맺고 있다.

만약 한 사람의 편을 들어 분쟁을 일방적으로 해결해주었다면 상대방에게는 불공정하다. 이는 공의로 다스리는 하나님의 원칙이 아니다. 빚을 아무 조건 없이 갚아주거나 탕감해준다면 재산을 빌려 준 사람에게는 불공평한 일이요, 빚을 지게 한 방탕한 성품을 다시 고칠 필요도 없을 것이다. 다시 과소비나 탐욕으로 빚을 지게 되더라도 기도해서 해결 받으면 되는데 군이 허리띠를 졸라매며 고통을 자초하며 절제하지 않아도 되기 때문이다. 하나님이 빚을 해결해주는 일반적인 방법은 기적적인 사건이 아니라, 자신의 노동을 통해서 소득을 얻게 하는 것이 기본이다. 그러므로 하나님의 뜻을 알지 못하고 일을 할 생각은 안 하고 기도에만 매달리고 있다면 허망한 일일 것이다.

물론 일을 열심히 하는 것에도 많은 문제가 도사리고 있을 것이다. 악성채무자에게는 번듯한 직장도 잃어버렸고, 괜찮은 사업체도 사라져버렸을 것이다. 다시 직장을 얻고 싶어도 현실은 냉정할 것이며, 다시 사업을 시작하는 것은 상상할 수조차 없는 일일 것이다. 매일의 생존을 위해 생계비를 버는 일조차 버겁다. 또한 그동안 술로 망가진 육체와 절망과 허망함에 물든 정신은 건강한 노동을 하기 어렵게 만들었을지도 모른다.

그렇지만 다시 이를 악물고 무슨 일이라도 하지 않으면 희망은 주어지지 않는다. 예전에 다녔던 번듯한 직장에 연연하지 말고, 사장님 소리를 들었던 시절을 잊어버려야 한다. 그리고 마음을 굳게 다지고 다시 시작해야 한다. 아마 할 수 있는 일이라는 것이 고된 노동에 비해 하찮은 수입이며 가진 자의 배를 불려주는 노동착취의 희생물이 될지도 모른다. 하지만 수입보다 더 중요한 것이 일을 하고 있다는 사실이다. 택배기사이든지 택시나 대리운전이든지, 아니면 막노동이든지 일단 일을 시작하는 것이 중요하다.

하나님의 지혜를 구하고 환경이 열리기를 요청하라

빚을 갚으려면 생활비를 넘어서는 수입이 있어야 한다. 정부에서 내놓은 사회제도를 이용하려 해도 개인파산을 제외하고는 열심히 일해 장기간 빚을 나누어 갚아야 하는 제도들이다. 그렇다면 번듯한 직장이나 소득이 되는 수입원이 있어야 가능한 일이다. 매일 일거리가 보장되지 않은 막노동이나 겨우 생계비를 버는 임시직이나 알바 등의 일거리로는 빚을 갚을 수 없다. 그러기에 크리스천은 하나님의 도우심이 절대로 필요하다. 그렇다면 어떻게 빚을 갚을 수 있는 수입원을 마련할 것인가가 중요한 화두가 될 것이다.

하나님의 도우심을 얻으려면 하나님이 기뻐하시는 믿음의 자세를 갖추고, 깨어있는 시간에 하나님을 찾으며 찬양하고 감사하며 깊은 교제의 시간으로 매일을 채우는 훈련이 필요하다. 그리고 성령님이 내주하시고 거하시면 신령한 지혜를 요청하고 좋은 환경이 열리기를 끊임없이 기도해야 한다.

그리고 주변의 직업들을 지혜롭게 찾아보아야 한다. 고수익의 직업들은 지식과 경험이 필요한 전문가의 몫이다. 그렇다면 타고난 재능을 가지고 있으며 그동안 충분한 지식과 경험이 있는 일자리부터 찾아보는 것이 지혜로운 일이다. 사업에 재능이나 경험이 있다면 자본 없이 쉽게 시작할 수 있는 장사도 괜찮다.

필자는 사역의 시작으로 정규적인 시간을 낼 수 없게 되면서 그동안 수입원이었던 토익을 가르치는 영어 강사를 계속할 수 없었다. 그래서 아내와 신생회사의 화장품 방문판매를 시작했다. 평생 힘든 일을 하지 않은 아내도 사전에 하나님이 필요한 훈련을 시켜 이미 충분한 능력을 갖추게 하셨다. 화장품판매는 중년남자에게 쉽지 않은 일이었지만, 하나님은 지혜를 주셔서 틈새시장과 남들이 하지 않는 판매시스템을 깨닫게 해주셨다. 결과는 오전에 서재에서 사역에 집중하면서 오후에 수입을 위한 생업에 종사하는 길지 않은 시간에도 많은 열매를 맺게 해주셨다. 자신의 힘으로 했다면 실패로 끝날 상황이었지만, 하나님이 함께하셔서 고객의 마음을 감동시켜 순적順適하게 판매시스템을 갖추게 되었다. 벌써 이 일도 6년이 넘어선다. 그동안 회사는 필자에게 대리점 자격을 내주었고 단골들도 있어서 빚도 많이 갚았고, 사역과 생활에 필요한 돈도 이제는 부족하지 않다. 이처럼 하나님이 함께하시면 불가능한 일이 없다.

지나온 결과를 말하기는 쉬운 일이지만, 그동안 많은 노력과 고통스러운 시간도 적지 않았다. 분명한 것은 자신에게는 불가능하다고 여겨지는 악성부채일지라도 하나님에게는 어렵지 않다는 것이며, 이 하나님의 능력이 자신에게로 나타나는 통로가 견고한 믿음을 통해서라는 것이다. 하나님을 감동시키는 믿음은 《성경》을 가까이함과 끊임없는 기도를 동반해야 한다.

필자는 악성부채를 해결하는 기간을 통해서 하나님을 다시 만나는 기회의 시간이 되었고, 그동안 알지 못했던 더 큰 기도와 믿음의 문이 열려지는 것도 경험했다. 그 결과 크리스천 재정관리 사역을 할 수 있는 지혜와 능력도 얻게 되었다.

하나님은 누구에게나 공평한 원칙을 가지고 적용하신다. 필자에게 보여주셨던 능력은 하나님의 자녀라면 누구에게나 주시고 싶어 하신다. 다만 우리에게 남아있는 몫은 그 같은 하나님의 뜻을 깨닫고 삶에 적용하는 결단만이 있을 뿐이다.

악성부채 이렇게 갚자

01 하나님의 말씀 앞에 먼저 무릎을 꿇라.

하나님에게 기대려면 오랜 기근 끝에 마지막 남은 떡과 기름을 엘리야에게 드렸던 사렙다 과부의 행동처럼(왕상 17:8-16), 아무리 따르기 어려운 요청 일지라도 철저하게 하나님의 뜻에 복종하는 자세를 가져야 한다. 그러면 자비로우신 하나님의 도우심을 받을 수 있다.

02 사회제도를 지혜롭게 이용하라.

악성채무자는 개인과 가정에 심각한 문제를 끼치며 사회와 국가에도 손실을 입히기에 정부에서는 여러 가지 대책을 세워 그들을 구제하려고 한다. 그 제도는 '한마음금융', '개인워크아웃제도', '개인회생제도', '개인파산제도' 등이 있다.

03 일을 시작하면서 하나님에게 환경이 열리기를 요청하라.

채무로 말미암아 직장과 사업체를 잃어버렸을지라도 희망을 버리지 말고 무슨 일이든지 시작해야 한다. 그러면서 하나님을 찬양하고 감사하며 깊은 교제의 시간을 갖게 되면 그동안 알지 못했던 더 큰 기도와 믿음의 문이 열리는 경험을 할 수 있게 된다.

04 | 자녀에게 남겨주어야 할 유산

조선시대에는 조상으로부터 어떤 신분을 물려받았느냐가 인생을 살아가는 데 중요한 척도였다. 양반의 가문에서 태어났다면 대부분 생계를 위한 노동에서 해방되었으며, 평생 책이나 끼고 풍류를 즐기면서 지배계급의 사회지도층인사로 부러움을 한몸에 받고 살게 되어 있었다.

그 반대로 천민의 신분으로 태어났다면 평생 가혹한 노동이 운명 지워졌으며 천대와 부자유, 차별 등으로 인해 사주팔자와 신분을 원망하며 살다가 한 많은 생을 살며 생을 마감했을 것이다. 자신의 뜻과는 아무 상관없이 다만 조상으로부터 무슨 신분을 물려받았는가가 평생의 삶의 모습을 결정지었으니 이보다 더 가혹한 운명이 어디 있을까?

그러나 지금은 신분차별이 사라진 지 오래고 국민이라면 누구나 무료의 기본교육을 받을 수 있도록 의무로 정해져 있다. 그래서 모두에게 열심히 공부하고 일하면 성공할 수 있는 기회는 열려 있다. 그렇다고 누구나 공평한 처지에서 인생을 시작하는 것은 아니다. 어떤 이는 좋은 가문에 부유한 가정에서 태어나 해외 유학을 하고 고급관료가 되거나, 명문대학을 졸업하고, 의사나 변호사의 자격을 가지고 평생을 남부럽지 않게 사는 이들도 있다. 비록 학습에 재능이나 돈 버는 능력이 부족하지만, 부자 부모의 재산을 상속받아 명품으로 꾸미는 일에 몰두하거나, 해외로 골프여행을 다니면서 럭셔리한 삶을 구가하는 부류들도 있다.

하지만 대부분의 사람은 겨우 먹고살기에도 바둥거리며 힘들어한다. 자녀를 가진 부모라면 누구나 소중한 자식에게 수준 높은 교육기회와 더불어 남부럽지 않은 유산을 남겨주어 이 세상에서 폼 나고 행복하게 살기를 바랄 것이다. 그렇지만 명문대학을 졸업하고 높은 연봉을 주는 회사에 취직하고도 투자를 잘못하거나 사기를 당해 악성부채의 수렁에 빠져 어렵게 사는 이들도 있고, 의사와 변호사로 주변의 부러움을 받아가며 개업했지만, 사업과 돈 관리에 허점을 드러내며 많은 빚을 지고 법에 호소하는 이들도 있다.

자녀를 알파걸로 키우는 게 전부가 아니다

알파걸Alpha Girls•이란 미국에서 사회성이나 리더십이 뛰어난 10대의 여고생을 가리키는 말이었지만, 우리나라에서는 능력과 자신감을 가지고 원하는 목표를 지향하는 젊은 여성을 뜻하는 말로 받아들이고 있다. 즉, 높은 학습능력으로 명문대학을 졸업한 후 고소득의 전문직, 혹은 대기업이나 다국적기업에 들어가거나, 고급공무원의 신분으로 누구나 부러워하는 자녀들의 모습을 말한다. 아마 자녀를 가진 부모라면 누구나 이런 알파걸로 추앙받으며 사회에서 뛰어난 능력을 발휘하기를 바랄 것이다.

그런데 아이러니하게도 필자는 명문대학을 졸업하고 모든 이가 바라는 높은 연봉을 주는 대기업이나 외국인 회사에 다니는 자녀들의 문제 때문에 상담을 적지 않게 받았다. 상담의 대부분은 남부러울 것 없는 가정에서 성장하고 공부를 잘해서 누구나 부러워하는 삶을 살고 있는 이들이 학습과 업무능력 이외의 다른 일에는 너무 무지하여 당황하고 괴로워하고 있었다.

즉, 배우자의 선택이나 자녀교육, 재정관리, 자기관리 등의 분야는 평소에 관심이 없거나 진지하게 배우지 못해 어려움을 겪고 있었다. 공부 잘하고 좋은 회사에 취직하면 남은 인생도 승승장구乘勝長驅할 것이라고 자신했던 이들이 삶의 문제를 미리 예측하고 제대로 대처하지 못해 아픔을 당하는 것은 정말 안타까운 일이다.

그렇지만 이런 현상은 이미 예견되어 있던 문제가 아닐까? 공부와 취직에 필요한 능력 외에 다른 것은 공부에 방해된다며 가르치지 않은 부모의 잘못된 자녀교육 탓이리라.

자녀에게 돈 관리의 교육을 하라

　사랑하는 자녀들이 험난한 세상의 파고를 헤치고 행복하게 살아가는 것은 부모들의 한결같은 소망이다. 그래서 부모들은 못 먹고 못입고 구차하게 살더라도 자식만큼은 잘 키우려고 허리띠를 졸라매고 대학등록금이며 비싼 학원비와 과외비를 대느라고 허리가 휘어진다. 심지어는 넉넉지 못한 처지인데도 빚을 내어 단기유학을 보내는 부모도 보았다. 재정관리 전문가인 필자로서는 그런 결정을 이해하기 어려웠지만, 자식만큼은 남보라는 듯이 공부시키고 싶은 부모의 간절한 소망을 엿볼 수 있었다.

　그러나 자녀가 세상에서 살아가기는 학교에서 배우는 공부만으로는 부족하다. 그들이 세상에 나가면 학교에서 가르치지 않는 것들이 너무 많다는 것을 뼈저리게 느낀다. 그중에서도 돈 관리에 대한 교육의 부재는 자녀들의 삶에 치명적인 위험을 가져다준다. 비록 그들이 고소득을 얻는 직장에 다니고 있을지라도 관리하는 능력이 없다면 밑 빠진 독에 물 붓는 격이다. 자녀들이 고소득을 얻는 능력이 부족하더라도 들어온 수입을 잘 관리하고, 미래의 계획을 위해 지출을 지혜롭게 통제한다면 평생 돈 걱정 없이 평안하게 살아갈 수 있다.

> 마땅히 행할 길을 아이에게 가르치라 그리하면 늙어도 그것을 떠나지 아니하리라 잠 22:6

돈 관리 교육은 자녀가 어렸을 때부터 시작해야 한다. 요즈음은 자녀를 한두 명만 낳아 기르기 때문에 애지중지하며 자녀가 원하는 것을 다 들어주는 경향이 많다. 그래서 어쩌다 자녀의 방을 들여다보면 갖가지 장난감으로 빼곡하게 차 있는 것을 볼 수 있다. 개중에는 친척이 선물로 사준 것도 있겠지만, 자녀들과 함께 나들이할 때 보는 것마다 사달라고 보채는 것을 들어주다 보니, 아예 장난감 창고를 방불케 할 만큼 많이 채우게 된 것이란다.

자녀가 어릴 적에는 보는 것마다 다 갖고 싶어 하는 것은 이상한 일이 아니다. 그렇지만 그 욕구를 채워주다 보면 절제하는 것을 가르치지 못한다. 이런 자녀가 성장하면 과소비와 충동구매를 반복하다가 악성부채의 수렁에 빠지게 되기도 한다.

갖고 싶은 욕구를 적절히 이용하여 저축을 유도하거나 절제와 자

족을 요구하며 지출을 통제하는 교육도 가정에서부터 이루어져야 한다. 그러나 자녀가 요구할 때마다 거절하지 않고 용돈을 주거나 계획 없이 충동적으로 용돈을 주는 습관은 자녀가 스스로 지출계획을 세우고 통제할 기회를 잃어버리게 된다. 그러므로 아이가 초등학교에 들어가면 정해진 기간에 용돈을 주고 용돈기입장을 통해 지출기록을 한다면, 어떤 용도로 어떻게 돈을 사용하는 지를 부모가 알게 될 수 있다. 그렇다면 돈 관리에 대한 교육도 자연스럽게 이루어지게 된다. 또한 소유하고 싶은 것이 있다면 스스로 지출을 통제하고 저축을 하는 습관도 저절로 들이게 된다.

초등학교 시절에만 철저히 교육시킨다면 나이가 들어도 스스로 돈 관리하는 습관을 몸에 배게 되며 재정 관리의 달인이 되는 능력을 소유하게 될 것이다. 특히 돈은 노동과 밀접한 관계를 맺고 있다. 힘든 노동을 통해 소득을 얻는다는 노동관에 대한 깨달음을 자녀에게 어릴 적부터 알도록 가르치는 것이 중요하다. 심부름이나 학습 성취도, 잘못된 버릇 등을 고치는 대가로 얻어지게 한다면, 땀을 흘려야만 소득을 얻을 수 있다는 성경적인 노동관도 자연스럽게 배워나갈 수 있을 것이다.

상속에도 하나님이 기뻐하시는 뜻을 따르라

예나 지금이나 큰 부자의 재산은 조상 대대로 내려오거나 부모에게서 물려받은 경우가 흔하다. 6,70년대의 경제개발 시절의 재벌 회장들은 자수성가自手成家한 타입이었지만, 지금은 아니다. 할아버지나 아버지의 사업체를 물려받아 더 크게 키우거나 관리하는 전문경영인 타입이 대부분이다. 그러므로 큰 사업체나 재산을 상속받지 못한 이들이 재벌 회장이 되는 것은 어려울 것이다. 엄청난 재산이 아니더라도 갓 결혼한 신혼부부에게 부모가 자그마한 집이라도 사준다면 얼마나 좋을까?

사실 요즘 웬만한 아파트 한 채 값은 천정부지天井不知로 올라 평생 저축하여 모은다 하더라도 쉽지 않은 금액이다. 좁은 집을 전세로 살면서 전세기간이 끝날 때마다 오른 전세금을 마련하지 못해 그때마다 이사 다녀야 하는 대부분의 서민에게, 도시에 부모로부터 물려받은 아파트라도 있다면 화들짝 좋아하며 펄쩍 뛰며 기뻐할 것이다. 굳이 수십억을 호가하는 부동산이나 황금알을 낳는 사업체가 아니라, 변두리의 허름한 집 한 채라도 지치고 힘든 삶을 사는 자녀에게 상속해준다면 자녀들의 처진 어깨를 가볍게 해주고 고단한 삶의 주름살을 펴게 해줄 것이다.

《성경》에서는 재산상속에 대해 뭐라고 말할까? 구약성경에 나오는 이스라엘 12지파의 자손들은 모세Moses의 인도로 이집트Egypt에서 나온 조상들의 정복전쟁으로 얻은 땅을 분배하여 가졌으며, 땅을 자자손손 기업基業으로 상속해 주었다. 그러므로 땅은 개인의 것으로 영원히 소유할 수 있는 성격은 아니었다. 가난을 모면하기 위하여 땅을 팔 수는 있었지만, 50년째 되는 해를 희년Year of Jubilee•이라고 하여 원주인에게 돌려주어야 했다. 즉, 이 땅은 하나님의 소유라 원래 분배받은 자들에게만 속하며, 분배받은 백성은 그곳에서 하나님이 기뻐하시는 대로 살아야 한다고 밝히셨기 때문이다. 형편이 어려워서 어쩔 수 없이 땅을 판 원주인이 다시 부유해지면 다시 무를 수도 있었고, 원주인의 친척들에게도 무를 권리가 부여되었다. 이처럼 생업을 위한 토지에 대한 하나님의 뜻은 개인의 소유로 처분하지 못하게 하였고 자손에게 물려주어 그들의 생업을 이어가도록 하셨다.

이처럼 상속에 대한 하나님의 원칙은 자녀들이 흥청망청 즐기며 누리기 위한 재산으로 물려주는 것이 아니라, 자녀들이 가족들과 먹고살며 생계를 잇는 도구로써 허용하는 것이다. 이 원칙에 따른다면 자녀들에게 엄청난 재산을 물려주는 현대의 부자들과는 다르다.

●희년
이스라엘에서 50년마다 공포된 안식의 해. 이 해가 되면 유대인들은 유일신 야훼가 가나안 땅에서 나누어 준 자기 가족의 땅으로 돌아가고 땅은 쉬게 한다. 희년은 7월 10일 속죄일에 선포되었다. 이때는 땅과 집 회복(레 25:25-34), 노예 해방(레 25:39-41), 채무 면제(레 25:35-37, 신 15:1-3)가 있었다.

사실 부자들의 자녀가 부모로부터 막대한 재산을 물려받아 흥청망청 쾌락을 위해 사용하는 일은 어제오늘의 일이 아니다. 밤이면 값비싼 외제차를 몰고 다니며 환락의 거리에서 돈을 뿌리다가 새벽이 되면 술에 취해 호텔로 돌아와 다시 저녁이 될 때까지 잠에 빠지는 비정상적인 생활이 대부분이다. 그들은 건강한 직업관도 노동관도 필요 없다. 돈이 전부 없어질 때까지 쾌락을 위해 소비하다가 건강을 잃고 영혼을 잃게 되는 일만이 기다리고 있을 뿐이다.

어떤 원칙으로 자녀에게 재산을 물려줄 것인가?

사랑하는 자녀가 세상에서 남부럽지 않게 살아갈 수 있도록 피땀 흘려 모은 재산을 물려주고 싶은 것은 자식들을 끔찍이 아끼는 우리네 부모들의 일반적인 소망일 게다. 그렇지만 건강한 노동관을 잃게 하는 재산은 자녀의 정신을 황폐하게 하고 영혼을 파멸시키는 도구로 사용된다. 그러므로 재산을 하나님이 기뻐하시는 뜻대로 물려주어야 자녀가 존경하는 부모로 기억하게 될 것이다. 그것은 생계에서 벗어나지 않는 범위에서 상속해 주는 것이다.

예수님이 주의 기도에서 밝힌 지상적이고 현세적인 유일한 항목이 일용할 양식을 요청하라는 내용이었다(마 6:11). 우리에게는 평생 먹고 살만한 엄청난 재산이 아니라, 매일매일의 삶에 필요한 생계비만이 필요하다는 것을 인정하신 셈이다. 부지런하고 지혜롭게 일을 한다면 나머지는 하나님이 환경을 열어주셔서 풍성하게 부어주시겠다는 믿음이 전제되어 있기 때문이다.

이 같은 잣대로 생각해 본다면 자녀에게 노동의 필요를 느끼지 못할 만큼 많은 재산을 물려주는 것은 하나님의 뜻에 어긋난다. 세상의 재물을 소유하신 하나님도 원하지 않은 일을 부모가 대신한다면 하나님에게도 자녀에게도 득이 되지 않는다. 자녀가 사회에서 살아가기에 부족함이 없도록 대학공부를 마치게 해주고 결혼해서도 살만한 집을 포함해서 생계에 보탬이 되는 재산 정도라면 충분하다.

그러나 어릴 적부터 재정 관리에 대한 교육이 없어 재산을 제대로 관리할 능력이 없는 자녀에게 무작정 물려주는 일은 자칫하면 자녀의 영혼을 잃게 하는 재앙이 된다는 것을 주변에서 많이 보아왔다.

> 다시 너희에게 말하노니 낙타가 바늘귀로 들어가는 것이 부자가 하나님
> 의 나라에 들어가는 것보다 쉬우니라 하시니 마 19:24

대부분의 교회에서는 가르치기를 꺼려하는 말이지만, 부자가 천국에 들어가는 것은 참으로 드문 일일 것이라고 예수님은 말씀하셨다. 그렇지만 세상 풍조가 돈을 최고의 우상으로 섬기며 교회에서도 부자가 대접을 받고, 부유하게 사는 것을 하나님이 함께하시는 증거로 삼는 것이 우리가 경험하고 있는 안타까운 현실이다.

그렇지만 부자를 천국에서 보기 드물 것이라는 예수님의 경고를 진지하게 받아들인다면 주체할 수 없는 많은 재산을 자녀에게 상속

해주는 것은 자녀를 지옥에 던지는 참혹한 행위가 될지 모른다. 또한 자신에게 주어진 재물이라도 하나님의 뜻이 아닌 자신의 마음대로 사용하는 것도 영혼이 위태롭기는 마찬가지이다. 지난 살아온 날 동안 돈에 대하여 하나님의 뜻대로 행하지 못하였다 하더라도 세상을 떠날 때만이라도 하나님이 기뻐하시는 뜻대로 사용한다면, 천국에서 칭찬이 있을 것이라 믿는다.

자녀에게 남겨주어야 할 유산

01 자녀를 알파걸로 키우지 마라.

공부를 잘해서 누구나 부러워하는 삶을 살고 있는 이들이 학습과 업무능력 이외의 다른 일에는 무지하다면 어떻게 될까? 즉, 배우자의 선택이나 자녀교육, 재정관리, 자기관리 등의 분야에 평소에 관심이 없거나 진지하게 배우지 않으면 인생에서 고통을 맛볼 수밖에 없다.

02 자녀에게 재정 관리를 가르치라.

돈 관리 교육은 자녀가 어렸을 때부터 시작해야 한다. 갖고 싶은 욕구를 적절히 이용하여 저축을 유도하거나 절제와 자족을 요구하며 지출을 통제하는 교육도 가정에서부터 이루어져야 한다. 그리고 초등학교에 들어가면 정해진 기간에 용돈을 주고 용돈기입장을 통해 지출기록을 한다면, 스스로 지출을 통제하고 저축을 하는 습관도 길러지게 된다.

03 원칙을 가지고 재산을 물려주라.

자녀에게 노동의 필요를 느끼지 못할 만큼 많은 재산을 물려주는 것은 하나님의 뜻에 어긋난다. 이것은 자신과 자녀에게도 득이 되지 않는다. 자녀가 사회에서 살아가기에 부족함이 없도록 대학공부를 마치게 해주고 결혼해서 살만한 집과 생계에 보탬이 되는 재산 정도라면 충분하다. 자녀에게 존경을 받는 것은 부모에게 달렸다.

05 | 삶에 적용해야 할 필수적인 행동원칙

지금까지 여러 분야의 돈 관리에 대하여 생각해 보았다. 그렇지만 지면상 이 책에서 다루지 못하는 분야도 많이 있다. 돈 관리에 대한 원칙은 《성경》뿐 아니라, 일반 전문가에게서도 배울 수 있으며 살아가는 동안 경험으로 자연스레 체득하기도 한다. 문제는 알고 있다는 것이 전부가 아니다. 아는 것을 삶에 적용하는 데에는 굳센 의지와 지혜가 필요하다. 특히 마음가짐이 견고하지 못하면 작심삼일로 허망하게 끝나게 된다. 그러면 풍성한 열매를 맺기 위한 돈 관리에 있어서 꼭 필요한 마음 자세가 무엇인지 생각해 보자.

탐욕을 버리라

《성경》에는 탐욕으로 일생을 망친 사람들의 이름이 열거되어 있

다. 아간, 발람Balaam, 엘리사Elisha의 종 게하시Gehazi,• 가룟 유다, 마술
사 시몬, 아나니아와 삽비라 등. 그들의 공통점은 황금에 눈이 어두
워 하나님의 뜻을 저버리고 자신의 욕심을 채우려다 생명을 잃거나,
그동안 쌓아온 인격과 명예에 손상을 입힌 자들이다.

탐욕의 출발은 자신을 사랑하여 자신을 위해 쌓아두려는 데서 출
발한다. 그래서 《성경》은 탐욕을 우상숭배라고
단호하게 경고한다(골 3:5). 자신을 하나님보다 더
사랑하는 것은 우상을 숭배하는 행위와 다를 것
이 없기 때문이다. 하지만 탐욕은 성공과 부자의
길을 좇는 모든 사람이 지녀야 할 덕목으로 위장
하고 그들의 생명과 영혼을 노리고 있다.

●게하시
엘리사의 종(왕하 4:12)으로 수넴여
인의 친절과 관련하여 처음으로 나
온다(왕하 4:8-37). 게하시가 두 번
째 나올 때는 나아만이 치료받을 때(
왕하 5:1-27)인데, 그는 나아만을 속
여 예물을 받아 그 벌로 문둥병자가
되었다(왕하 5:20-27).

이 탐욕은 투자나 사업의 세계에서만 존재하는 것은 아니다. 가난
한 서민이거나 지극히 평범한 소비자에게도 존재한다. 과소비나 충동
구매뿐만 아니라, 신용카드 사용이나 생활비대출 등 현대사회에서 거
리낌 없이 행하는 일에도 탐욕은 스며 들어와 있다.

대출을 얻지 않고는 집을 살 수 없다는 이들도 탐욕에서 자유롭
지 못하다. 물론 분양가의 절반 넘게 대출을 얻는 것과 10-15%의 소
규모의 대출을 얻는 것은 다르겠지만, 빚을 얻는 것은 하나님이 기뻐
하시는 뜻이 아니다. 이는 조급하고 탐욕스러운 자신을 만족시키는
세상의 방법이다.

하나님은 세상과 세상의 것을 좇는 탐욕을 버리고 주어진 삶에

만족할 수 있는 마음가짐이 천국백성의 자격이라고 말씀하셨다(고전 6:10). 그래서 생명으로 인도하는 길이 좁다고 말한 이유일 것이다.

먹고사는 걱정을 멈추라

세상에서 먹고사는 걱정이 없는 사람은 없다. 그것은 죽어서야 겨우 멈추게 되는 일일 것이다. 사람은 누구나 본능적으로 생존에 대한 두려움을 가지고 있기 때문이다. 특히 요즘처럼 불황이 끝도 없이 계속되고 있다면 걱정을 넘어 심각한 수준이다. 주변을 아무리 살펴보아도 경제가 호전되리라는 기색은 전혀 없으며 신문들은 앞다투어 실업자의 증가, 주가폭락, 물가상승, 회사의 도산, 이자의 폭등 등의 암울한 기사만 쏟아내고 있다. 회사가 점점 적자 폭이 늘어나 해고의 칼날이 자신을 노리고 있다는 불안감에 적지 않은 회사원들은 잠도 제대로 자지 못한다.

자영업을 하는 이들은 더욱 심각하다. 매출이 떨어지는 것도 기가 막히는데 자고 나면 우후죽순雨後竹筍으로 생기는 신생업체의 범람으로 인한 과도한 가격경쟁의 피 말리는 싸움은 가실 줄을 모른다. 어디 그뿐일까? 대학을 졸업한 지 오랜 자녀는 취직하는 법을 잊어버려 아직도 용돈을 대주어야 하는 사실은 자신의 노후에 대한 환상을 여지없이 깨뜨린다.

그러므로 염려하여 이르기를 무엇을 먹을까 무엇을 마실까 무엇을 입을까 하지 말라 이는 다 이방인들이 구하는 것이라 너희 하늘 아버지께서 이 모든 것이 너희에게 있어야 할 줄을 아시느니라 마 6:31-32

이런 나의 절박한 처지를 아는지 모르는지, 우리 교회의 목사는 설교 때마다 아무것도 염려하지 말라는 성경 말씀만 고장 난 레코드처럼 반복하고 있다. 사실 크리스천에게 염려와 두려움은 믿음과 반대되는 마음의 상태이다. 믿음이 없는 것은 하나님이 가장 싫어하는 것이며, 쭉정이의 신앙을 드러내는 것으로 심판의 날에 빈손으로 쫓겨날 것이라는 경고가 따라다니고 있다.

그래서 교회에 오면 형식적인 믿음이라도 있는 것처럼 보이려고 애쓰지만, 세상에 나가면 여지없이 불안과 두려움에 휩쓸리고 만다. 그래서 불안이 엄습할 때마다 교회에 와서 고래고래 소리를 지르며 기도해야만 그나마 조금 나아지는 것 같다. 그렇지만 이런 진통제의 효과로는 오래가지 못한다.

베드로가 물에 빠진 사건을 잘 알 것이다(마 14:28-32). 예수님이 물 위를 걸어오시는 것을 본 베드로는 예수님에게 그와 같은 능력을 요구해서 처음에는 성공적인 것처럼 보였지만, 산 같은 파도를 보자마자 두려움이 엄습하는 순간 그만 물에 빠지고 말았다. 베드로의 경험은 우리의 두려움과 걱정이 어디에서 오는지를 잘 보여준다.

하나님은 세상을 지으시고 우주만물을 운행하시는 분이다. 사람보다 월등히 더 많은 개체 수로 함께 살아가는 동식물들은 불황은 물론이고 경제에 대한 개념조차 없다. 그럼에도 그들은 굶어 죽는 일이 없다. 부지런하게 먹이를 찾아 움직이기만 하면 충분히 생존하며 종족을 번식시키고 살아간다.

만약 우리에게 곤충이 지닌 본능만 주어졌더라도 걱정의 의미 자체를 모를 것이다. 물론 아무리 열심히 일을 한다고 하더라도 먹이가 없다면 굶어 죽을 것이다. 그렇지만 다행스럽게도 그것은 우리의 책임이 아니라 하나님의 몫이다. 하나님이 세상을 창조하고 사람을 포함한 온갖 동식물을 만드셨으므로 그들이 충분히 먹고 살만한 환경을 조성할 의무가 있다. 하나님은 지금도 그 책임을 훌륭하게 이행하고 계신다. 하찮은 곤충조차 잘 먹고 잘 살고 있는데, 만물의 영장으로 세상을 다스리는 권세를 위임받은 자녀인 크리스천들이 먹고사는 것을 걱정하고 있다면, 이는 본질의 문제가 아니라 믿음의 문제이다.

그러므로 우리가 욕심을 낮추고 좁은 집과 하루 세끼를 먹을 수 있는 것에 만족하며 행복할 수 있다면 걱정하는 일은 없을 것이다. 그 다음은 하나님을 향한 우리의 믿음이 견고해지는 일에 온 맘과 정신을 쏟아 붓는 것에 달렸다. 물론 오래 들어온 메시지와 별다름 없는 처방일지 모르지만, 아는 것과 행동으로 옮기는 것은 다르다. 행동으로 옮기는 데는 만만치 않은 훼방꾼이 있기 때문이다. 그것은 자신과의 싸움이다. 오래 살아온 삶의 경험을 바탕으로 눈에 보이는 현실이 말하는 것은 세상 살기가 불안하다는 것이고, 영적인 눈으로 받아들여야 할 것은 견고한 믿음이 말하는 아무것도 걱정하지 말라는 것이다. 이 둘의 싸움은 우리가 천국에 들어갈 그날까지 끊임없이 일어난다.

하나님의 말씀이 우리의 마음을 사로잡고 있다면 환경에 상관없이 평안이 자리 잡고 있을 것이고, 하나님에게서 눈을 떼고 바람과 파도가 넘실거리는 세상을 바라보고 있다면 공포와 불안이 자신을 사로잡고 있을 것이다. 즉, 육체의 생각과 믿음의 싸움이 우리 내부에서 치열하게 펼쳐지고 있는 것이다. 이 싸움에서 이기는 길은 날마다 성령이 다스리시는 하나님의 나라가 내 안에 이루어지고 하나님과의 깊은 교제를 통해 그분의 평안함이 자신을 지켜주는 일뿐이다. 그런 삶은 오랜 경건의 훈련으로 얻어진 쉼 없는 기도를 통해 일상의 삶에서 하나님과 동행하는 능력이 몸에 밴 사람만이 가능하다.

신령한 지혜를 구하라

하나님은 지혜로 세상을 지으시고 우주를 운행하시며 대자연을 다스리고 계신다. 그런 지혜가 우리에게 있다면 하는 일마다 형통할 것이고 놀라운 열매를 맺을 것이다. 같은 땅에 농사를 지어도 두 배를 거두는 사람도 있지만 다섯 배를 얻는 사람도 있다. 학생들이 같은 환경에서 같은 시간을 공부하여도 성적이 각각 다른 것도 이와 다르지 않다. 각자에게 주어진 지혜가 다르기 때문이다.

돈 관리에 있어서도 이런 지혜가 있다면 남다른 열매를 맺을 것이고 평생 돈 걱정 없이 평안하게 살아갈 수 있을 것이다. 그렇지만 대부분의 사람은 이런 분야의 지혜를 세상에서 배워 삶에 적용하고 있다. 교회에서 가르치지 않으며,《성경》에서 하나님의 뜻을 깨닫지 못하기 때문이기도 하다. 하지만 세상에서 배우는 지혜는 당연히 하나님의 뜻과는 다른 것이 많다. 하나님의 지혜는 당신의 영광을 위해 사용하는 것에 초점을 맞추고 있지만, 세상의 지혜는 다만 자신을 위해 탐욕스럽게 쌓아두고 사용하기 때문이다.

나를 사랑하는 자들이 나의 사랑을 입으며 나를 간절히 찾는 자가 나를 만날 것이니라 잠 8:17

하나님의 지혜를 얻는 가장 중요한 방법은 기도로 끈질기게 요청하는 것이다.《성경》에서 말하는 지혜는 목적과 분야에 따라 다양하지만, 돈 관리에 필요한 지혜는 절제나 자족, 정직, 성실 등의 성품을 포함해서 수익을 올리는 능력과 위험을 피하는 분별력도 필요하다. 무엇보다도 돈을 어떻게 벌고, 어떻게 사용하는 것이 하나님의 뜻에 합당한 방법인지 아는 통찰력이 그중 으뜸이다. 그러므로 이런 지혜를 얻기 위해서는 하나님에게 요청하는 것이 가장 우선이다.

그러기에 앞서 세상을 살아가는 데 지혜의 소중함을 아는 것이 중요하다. 돈 관리에서 지혜가 차지하는 비중이 얼마나 크고 중요한지 제대로 알지 못한다면 끈기 있게 하나님에게 요구할 이유를 찾지 못할 것이다. 또한 안다고 하더라도 쉼 없는 기도와 간구로 하나님에게 요청하기도 쉬운 일이 아니다.

하나님은 영God is spirit이시기 때문에 눈에 보이지 않고 귀에 들리지 않는다. 오직 영적인 방법을 통해서만 만날 수 있다. 그러므로 경건한 훈련을 통해 항상 기도하는 습관을 가져야 한다. 그리고 기도할 때마다 지혜의 요청을 빼놓지 말아야 한다. 필자도 사역을 시작할 때부터 지금까지 기도할 때마다 신령한 지혜를 간절히 구하고 있다. 하나님의 지혜만 얻게 된다면 하는 일마다 형통하게 되고 풍성한 열매를 얻게 되기 때문이다.

또 다른 중요한 방법은 《성경》을 통해 하나님의 지혜를 깨닫는 것이다. 《성경》은 지혜의 보고寶庫이다. 특히 지혜서로 일컬어지는 〈잠언〉과 〈전도서〉, 〈욥기〉 등은 하나님의 지혜가 무엇인지 일목요연一目瞭然하게 말하고 있다. 그중에서 〈잠언〉은 지혜의 결정체라고 할 수 있다.

그렇지만 혹자는 〈잠언〉은 이미 읽어 다 알고 있는 내용이며 세상에서 배우는 내용과 유사한 고리타분한 도덕적인 경구로 생각될 수 있다. 물론 그렇게 생각할 수도 있다. 하지만 그것은 겉만 보고 판단하는 것이다. 《성경》은 하나님의 말씀이므로 세상의 교훈과 다르게 놀라운 영적 능력이 있다. 기도하면서 간절히 하나님의 뜻을 찾으려고 애쓰며 《성경》을 읽고 묵상한다면 하나님으로부터 놀라운 통찰력을 얻을 수 있다.

이 밖에도 지혜를 얻는 방법은 여러 가지가 있다. 특히 돈 관리는 전문적인 지식과 경험이 필요하다. 그러므로 이 분야에 지식과 경험이 풍부한 사람들의 조언을 새겨듣는 일도 필요하다. 각종 재정관련 책이나 세미나, 경제신문이나 신문의 경제란, 경제잡지, 언론매체 등도 재정 관리의 지식과 지혜를 얻는 주요한 통로이다. 그렇지만 크리스천이라면 성경적이고 영적인 지도자들의 조언과 세상의 가르침을 구별해서 들어야 한다.

성실하게 일하라

어느 날 신문을 보니 20대의 젊은이가 19억 원의 로또복권에 당첨되어 부자의 반열에 올랐으나, 기쁨도 잠시 과도한 씀씀이 때문에 10

개월 만에 다 써버리고 금은방을 털다 경찰에 검거되어 구속되었다는 기사가 있었다.

　돈 관리를 잘하는 일과 성실하게 일하는 일은 별개일 것인데, 왜 성실한 노동이 지혜로운 돈 관리에 필요한 요소일까? 성실한 노동이 결여된 상태에서의 돈 관리는 그야말로 모래 위에 집을 짓는 것과 같다. 성실한 노동은 땀과 노력을 통해 얻는 소득의 소중함을 절실하게 깨닫게 해준다. 땀에 밴 지폐는 결코 헛되이 사용되지 않는다. 어렵게 번 돈인 만큼 값지게 사용되는 것은 당연하다. 평생을 시장구석의 좌판에서 김밥을 팔아 번 돈을 귀한 곳에 사용하라며 대학에 장학금으로 맡긴 할머니의 사연은 모두의 가슴을 뭉클하게 만든다. 그 돈이 얼마나 힘들게 번 돈인지 모두 상상할 수 있기 때문이다.

　이와 반대로 위의 신문기사처럼 수십억의 엄청난 돈일지라도 노동의 땀이 배어 있지 않기에 유흥가에서 쾌락의 도구로 사라졌고, 또다시 유흥비가 필요해 절도 행각을 시작하는 것이다. 그들은 쉽게 번 돈에 이미 중독되어 있기에 힘들고 어렵게 돈을 벌 수 없다. 그동안 절도로 훔친 금품도 유흥가에 뿌려졌으리라 짐작할 수 있다. 이처럼 성실한 노동이 돈 관리에서 중요한 위치를 차지하게 되는 것은 절제와 자족의 동기부여가 되기 때문이다.

　또한 성실한 노동은 쓸데없이 소비하는 시간을 미리 차단해준다. 평일에는 아침부터 저녁까지 일터에서 시간을 보내야 하고, 휴일에는 피곤한 심신을 쉬거나 그동안 미뤄두었던 행사로 바쁘다 보면 쓸데없는데 낭비할 시간이 없다. 그렇지만 돈벌이를 하지 않고 할 일 없이 시간을 소비하는 이들은 어떠한가? 텔레비전만 보다가 홈쇼핑의 광고에 세뇌가 될 테고, 심심하기에 평소에 거들떠보지도 않은 홈쇼핑 광고책자를 뒤적거리다가 생각 없이 전화를 들게 된다.

어디 그뿐일까? 시간이 넘쳐나기에 같은 처지의 친구들과 수다를 떨어가며 백화점이나 쇼핑가를 종일 헤매고 다니게 된다. 그들은 유통업계나 신용카드사의 봉으로 취급을 받는다. 충동구매와 과소비의 주 대상이기 때문이다. 만약 그들이 쇼핑할 수 있는 시간이 없다면 종일 백화점에서 소일하며 흥청망청 신용카드를 긁는 일이 불가능할 것이다. 이처럼 성실한 노동은 가정의 수입을 더해주는 수단 외에도 과소비를 막아주는 중요한 방패의 역할을 한다.

● 멜라민 파동
2008년 중국산 유제품 멜라민 오염사건은 중국에서 발생한 식품안전에 관련된 사건이다. 당시 언론은 이 사건을 주로 '멜라민 파동'으로 지칭하였다. 2008년 9월 22일에 집계된 자료에 따르면 중국에서 멜라민이 포함된 제품들로 인해 '신장결석'이나 '신부전증' 환자가 53,000명이 발생하였고, 이 중 12,800명은 입원치료를 받고 있으며 4명의 유아가 사망하였다.

하늘나라에 소망을 두라

한때 중국에서 발생한 멜라민 파동●이 전국을 휩쓸었던 적이 있다. 탐욕에 눈이 먼 목축업자들이 원유에 탄 공업용 멜라민으로 아기들 몇 명이 사망했고, 전 세계적으로 수효를 알 수 없을 많은 이가 피해를 당했다. 이렇게 다른 이들의 생명이나 건강은 아랑곳없이 많은 돈을 벌 수만 있다면, 무슨 짓이라도 하는 사람들은 곳곳에 많이 있다. 그전에도 공업용색소나 불량만두 파동이 그러했다.

그래서 이런 기사를 접할 때는 분노를 쏟아낸다. 마치 우리는 이런 사람과 동떨어진 의인처럼 생각하겠지만, 일확천금을 얻을 수 있는 기회가 확실한 비밀보장이 유지된다면, 불법적이거나 불의한 일에 자유롭지 못할 이가 적지 않을 것이다. 물론 하나님은 싫어하시겠지만, 하나님은 하늘에 계시고 우리는 땅에 멀리 떨어져 있음이다.

돈 관리에 있어서도 하나님과 우리가 아주 먼 거리를 두고 있어 죽어서야 만날 수 있다고 생각한다면, 그분의 목소리가 귀에 들리지 않을 것이다. 우리에게 주어진 돈이 하나님의 소유이고 우리는 잠시 맡은 관리자에 지나지 않는다는 사실을 믿고 싶지 않다. 내가 고생하고 애써서 번 돈인데, 내 마음대로 나의 목적과 즐거움을 충족시키는 일에 사용하는 것을 당연하게 여긴다.

그러나 언젠가 우리가 죽어 하나님 앞에 서서 자신이 살아왔던 행위에 대해 조목조목 심판받을 거라는 사실을 잊지 않고 있다면 생각이 달라질 것이다. 하나님의 뜻대로 재물과 시간을 사용하는 사람들과 그렇지 않은 사람들과의 차이가 여기에 있다. 우리는 이 땅에서 영원히 살지 않고 그리 멀지 않은 장래에 이 땅을 떠나야만 하는 나그네의 신분이다. 마치 어느 시인이 노래했듯이, 어느 화창한 봄날에 소풍왔다가 저녁이면 집으로 돌아가야 하는 어린아이처럼 주저 없이 이곳을 떠나야 한다는 사실이다. 세상 사람은 죽어봐야 알지 그것을

증명해보라고 종주먹을 들이대며 따지겠지만, 하나님을 아버지로 섬기는 크리스천이라면 누구나 예외 없이 이 사실을 인정해야 한다.

이제 우리가 돈의 노예에서 벗어나 탐욕을 버리고 절제와 인내의 열매로 자족에서 얻어지는 평안함을 누리며 살 수 있다면, 참 행복한 인생이 될 것이다. 내가 번 돈일지라도 나의 생활을 만족하게 충족하고 남은 돈은 하나님이 원하시는 곳에 기꺼이 즐거운 마음으로 드릴 수 있다면, 언제나 하나님이 주시는 기쁨으로 가득 찰 것이다. 게다가 신령한 지혜와 하나님의 능력으로 활짝 환경을 열어주신다면, 아무리 불황이라도 하는 일마다 풍성한 열매를 맺고 형통한 삶으로 채워질 것이다.

삶에 꼭 적용해야 할 행동원칙

01 탐욕을 버려야 한다.

성경적인 돈 관리에 있어 가장 중요한 원칙 중의 하나는, 탐욕을 버리는 것이다. 이것은 지나친 부와 성공의 길을 돌이키는 것을 말할 수도 있고, 인간적인 방법이나 지혜를 버린다는 의미이기도 하며, 세상 풍조에서 벗어나 외롭게 사는 것일 수도 있다.

02 의식주의 걱정을 버려야 한다.

세상에서 먹고사는 걱정이 없는 사람은 없다. 사람은 누구나 본능적으로 생존에 대한 두려움을 가지고 있기 때문이다. 그러나 하나님이 세상을 창조하고 사람을 포함한 온갖 동식물을 만드셨으므로 그들이 충분히 먹고 살만한 환경을 조성할 의무가 있다. 하나님은 지금도 그 책임을 훌륭하게 이행하고 계신다. 이것을 믿어야 한다.

03 성실하게 일해야 한다.

왜 성실한 노동이 지혜로운 돈 관리에 필요한 요소일까? 성실한 노동이 결여된 상태에서의 돈 관리는 그야말로 모래 위에 집을 짓는 것과 같기 때문이다. 성실한 노동은 땀과 노력을 통해 얻는 소득의 소중함을 절실하게 깨닫게 해준다. 땀에 밴 지폐는 결코 헛되이 사용되지 않는다. 또한 쓸데없이 소비하는 시간을 미리 차단해준다.

남은 생을 즐겁게 사는 길

2002년 벽두에 크리스천 재정관리 사역을 시작하고 나서, 성경적인 재정 관리의 원칙과 삶에 적용하는 지혜를 전반적으로 다룬 책을 써야 되겠다고 마음먹었지만, 차일피일此日彼日 미루다 번번이 다른 주제의 책들을 먼저 쓰곤 했다. 재정관리 분야의 총체적인 주제를 한꺼번에 다루는 것이 세부적인 주제를 따로 분리하여 다루는 것보다 부담스러웠기 때문이다. 괜히 조급하게 썼다가 내용이 부실해서 후회하는 것보다 내공을 쌓고 나서 천천히 써도 늦지 않다는 생각이 앞서기도 했다.

또한 사역을 진행하면서 하나님이 주시는 깨달음의 깊이가 시간이 갈수록 다르기에, 좀 더 기다려 보자고 한 것이 여태껏 손을 대지 못한 또 다른 이유가 되었는지도 모르겠다. 하지만 다른 사역들이 코앞에 닥쳐 여유를 가지고 집중적으로 책을 쓸 만한 시간이 부족하기 전에, 더는 늦출 수 없다는 생각이 들어 마음을 다잡고 시작했다. 그리고 서재 밖의 세상은 계절이 두어 번 바뀌었다. 어떻게든

붙들고 있으니까 책을 낼만한 지면을 채우기는 하였지만, 마음이 그리 밝지는 않다. 원고를 마칠 때마다 항상 느끼는 것인데, 이 내용을 가지고 독자들을 충분히 만족시킬 수 있을까 하는 걱정이 슬며시 들어오기 때문이다.

그리고 돈과 경제에 대한 세상의 법과 상품은 수시로 바뀌고 사람들이 처한 경제적인 환경과 상황도 늘 변하기에, 책을 내놓자마자 거기에 맞는 새로운 정보에 맞추어 고쳐 써야 할 필요도 생긴다. 그래서 크리스천들이 마주하는 재정적인 문제를 명쾌하게 해결해주려면 그들 곁에 가까이 머물며 수시로 바뀌는 문제들을 통찰력을 가지고 고민해야 한다. 그렇지만 두더지 잡기 게임처럼 한 마리에게 내리칠 때 또 다른 녀석이 머리를 내밀고 있기 때문에 지금 최고의 방책이라고 생각했던 것들이 시간이 지나면 무용지물이 되기 일쑤이다.

결국은 전문적인 지식과 경험을 바탕으로 하는 지혜로운 해결책도 필요하지만, 하나님 안에 살면서 그분의 뜻을 깨닫고 그 뜻대로 살아가는 것이 평안하고 형통한 삶을 위한 최고의 방법이라는 것을 다시금 절실하게 느낀다. 갈증을 느낄 때마다 남들이 떠다 주는 샘물이 편하고 좋기는 하겠지만, 스스로 깊은 샘에 내려가 차고 맑은 물을 얻는 방법을 알고 습관이 몸에 밴다면 그보다 더 좋은 게 어디 있으랴?

무엇을 가리켜 이르기를 보라 이것이 새 것이라 할 것이 있으랴 우리가 있기 오래 전 세대들에도 이미 있었느니라 전 1:10

해아래 새 것이 없다는 말을 실감하여, 이 책도 새로운 것이 아니라 하나님이 주신 지혜를 우리의 상황에 맞게 맞추어 놓은 내용에 불과하다. 아마 시간이 지나고 경제 환경이 바뀌면 또다시 새로운 것으로 바꾸어 놓아야 할 것이다. 그렇지만 돈에 대한 하나님의 뜻을 깨닫고 평안하고 형통한 삶을 살아가는 데 필요한 징검다리가 되기만 하여도 만족하겠다.

사실 지금까지 우리는 재정 관리에 대한 하나님의 뜻에 무지한 채 세상의 지혜를 좇아 살아온 날들이 많지 않았던가? 그래서 이 책을 통해 우리를 향하신 하나님의 뜻을 깨닫고 삶에 지혜롭게 적용하므로 남은 생을 하나님이 기뻐하시는 자녀로 살겠다는 새로운 결심을 하는 계기로 삼는다면 그것으로 감격하며 행복해 하겠다.

부록

CFC 성경적 재정관리
&
크리스천 라이프 코칭스쿨

1. CFC 성경적 재정관리

교육 커리큘럼

빈곤한 이유 / 돈과 크리스천의 자세 / 하나님의 복과 돈 관리에 요구되는 성품 / 빚의 실체와 빚에서 벗어나는 원칙 / 드림(십일조와 헌금)과 나눔 / 하나님 방식으로 돈 버는 법(직장, 사업, 재테크 등) / 하나님 방식으로 돈 관리하는 법(저축, 지출, 소비 등) / 다양한 삶의 적용(보험, 상속, 노후대책, 자녀교육 등)

대상별 교육

부부, 청소년, 장년, 여성, 목회자, 직장인, 경영자, 은퇴자 등

주제별 교육

돈 벌기, 돈 관리하기, 재테크, 노후대책 등

다양한 세미나 주제

자영업에 성공하는 노하우 / 직장을 얻는 하나님의 비결 / 가난에서 벗어나는 법 / 성경적인 재테크 원칙 / 은퇴 후의 넉넉한 재정코칭 / 알뜰한 주부의 재정관리 / 자녀에게 가르쳐야 할 하나님의 재정원칙 등

2. 크리스천 라이프 코칭스쿨

라이프 코칭 콘텐츠

- 경건의 훈련 : 쉼 없는 기도, 하나님의 뜻에 대한 깨달음, 거룩한 성품으로 변화, 신령한 지혜의 습득
- 가정 : 환상적인 배우자 찾기, 화목한 부부관계, 성경적인 자녀교육, 지혜로운 재정관리, 은퇴 후의 삶
- 일 : 좋은 직업 찾기, 만족한 직장생활, 성공적인 자영업, 쏠쏠한 재테크, 원만한 대인관계
- 신앙 : 쓰임 받는 제자, 응답받는 기도, 성경 읽는 습관, 균형 잡힌 신앙생활
- 자아 : 정체성 확립, 삶의 목표와 비전 등 평안하고 형통한 삶으로 이끄는 다양한 교육 커리큘럼

솔루션 코칭

습관성 음주 및 각종 중독 / 음란과 불륜 / 악성부채 / 빈곤 / 대인관계의 갈등 / 폭력 / 우울증 / 질병 등 삶의 불행에서 벗어나기 위한 성경적 훈련 프로그램

은퇴 코칭

노후대책 / 은퇴 후의 수입원 / 은퇴 후의 재정관리 / 노후가 준비된 실버가 추구해야 할 사명 / 고독을 이기는 영적 습관 / 영원한 나라를 준비하는 삶 등 은퇴한 크리스천을 위한 훈련 프로그램

다양한 세미나 주제

평안하고 형통한 삶의 원칙 / 하나님과 동행하는 습관 / 자녀에게 하나님을 만나게 하는 신앙교육 / 돈 걱정 없이 사는 비결 / 하나님의 도움으로 일자리를 얻는 법 / 불행을 가져오는 습관에서 벗어나는 방법 등

★ 일대일 상담 및 멘토링, 소그룹 교육, 세미나, 수련회, 워크샵 등 다양한 형태의 교육과 훈련이 가능하며 장소와 시간은 형편에 따라 협의할 수 있습니다. 자세한 내용은 크리스천 재정관리 상담센터 & 라이프 코칭스쿨(www.clc7700.com)에서 확인하시기 바랍니다.

하나님 경제학 2
God Economics

신상래 지음

발 행 일   초판 1쇄 2010년 9월 3일
발 행 처   평단문화사
발 행 인   최석두

등록번호   제1-765호 / 등록일 1988년 7월 6일
주   소   서울시 마포구 서교동 480-9 에이스빌딩 3층
전화번호   (02)325-8144(代)   FAX (02)325-8143
이 메 일   pyongdan@hanmail.net
I S B N   978-89-7343-331-5   03230

이 도서의 국립중앙도서관 출판시도서목록(CIP)은 e-CIP 홈페이지
http://www.nl.go.kr/ecip에서 이용하실 수 있습니다.
(CIP제어번호: CIP2010003155)

Jesus Loves You
저희는 매출액의 2%를 불우이웃돕기에 사용하고 있습니다.